ISBN 978-1-332-50949-2
PIBN 10370520

1 MONTH OF
FREE
READING

at

www.ForgottenBooks.com

By purchasing this book you are eligible for one month membership to ForgottenBooks.com, giving you unlimited access to our entire collection of over 700,000 titles via our web site and mobile apps.

To claim your free month visit:

www.forgottenbooks.com/free370520

Similar Books Are Available from
www.forgottenbooks.com

———◆———

LA
LANGUE BASQUE

ET

LES IDIOMES DE L'OURAL

PAR

H. DE CHARENCEY.

MEMBRE DE LA SOCIÉTÉ ASIATIQUE

Premier fascicule

Structure grammaticale et déclinaison.

PARIS

CHALLAMEL AÎNÉ, ÉDITEUR

LIBRAIRE DE LA SOCIÉTÉ D'ETNOGRAPHIE

30, RUE DES BOULANGERS, 30

—

1862

PRÉFACE

Différents mémoires publiés soit dans la *Revue de l'Orient*, soit dans les *Annales de Philosophie chrétienne* (1) ont déjà été consacrés par nous à la solution du problème si longtemps débattu des origines de la langue et de la nation Basque. Le but de nos efforts était de faire ressortir toute les affinités soit de grammaire, soit de vocabulaire, qui rattachent l'idiome des montagnards Pyrénéens aux nombreux dialectes de l'Oural, au Finnois, au Lapon ou au Magyar.

Plus d'une fois, malheureusement, nous nous trouvâmes arrêté dans le cours de nos travaux par les difficultés inhérentes au sujet même qu'il s'agissait de traiter. A beaucoup d'égards. en effet, la philologie Touranienne se trouve obligée de prendre une voie différente de celle qu'à suivie la linguistique Indo-Européenne. Diverses causes contribuèrent à faciliter singulièrement l'étude des dialectes d'origine Arienne, l'état de civilisation plus ou moins avancée dans lequel ont toujours vécu les peuples qui les parlaient, et grâce auquel ils ont dû de conserver presque intact, pendant une longue suite de siècles leur ancien système grammatical, l'époque relativement plus moderne de leurs premières migrations ; l'adoption, on pourrait presque dire la découverte faite par eux, bien des siècles avant notre ère, d'un système graphique merveilleusement propre à peindre et à fixer toutes les articulations de la voix humaine ; enfin l'existence au sein du rameau Japhétique le plus pur et le plus primitif, de monuments littéraires remontant à une prodigieuse antiquité. Par là, il nous a été donné de suivre ces langues jusque dans leur berceau, de retrouver condensées et réunies dans le Zend, le Sanskrit et l'idiome des Védas, les particularités qui aujourd'hui séparent les uns des autres, les groupes Celtique, Slave, ou Germanique.

Dès qu'il s'agit au contraire de passer à l'étude du Basque ou des dialectes Altaïques, de· démontrer l'affinité qui peut rattacher ces diverses langues les unes aux autres, ces secours nous font immédiatement tous défaut. Disséminés depuis l'époque la plus reculée sur un espace immense, condamnés par la nature même du sol qu'ils occupent, à un genre de vie nomade, les pasteurs de la haute Asie n'ont pas tardé à se fractionner en une multitude de petites tribus dissemblables par

(1) Voyez les numéros de juillet 1859 et de février 1860.

les mœurs, le type physique et le langage. L'art d'écrire leur fût longtemps inconnu et il l'est maintenant encore à un grand nombre de leurs tribus. Chez eux, par conséquent, point d'annales, point de monuments antiques. Leur système grammatical lui-même n'a guère subi moins d'altérations que leur vocabulaire, et c'est en vain que l'on chercherait soit sur les rives de la Baltique, soit dans les steppes de la Sibérie, un seul dialecte qui fût vis-à-vis de ses congénères, dans le même rapport que le Zend ou le Lithuanien vis-à-vis des autres langues Indo-Européennes.

Quant au Basque ou Eskuara, si ses rapports de parenté avec la plupart des dialectes de l'antique Ibérie sont un fait aujourd'hui hors de doute (1), en revanche les intermédiaires qui jadis le rattachaient à ses congénères de l'Oural, ont tous disparu sans laisser de vestiges. D'ailleurs, longtemps dédaigné des poëtes et des grammairiens, il a subi le sort commun aux idiomes qui ne vivent plus que par l'usage populaire. Il s'est altéré insensiblement et a fini par se fractionner en de nombreux dialectes et sous-dialectes. L'influence constamment exercée sur lui par des langues d'origine étrangère l'ont contraint à modifier plus d'une fois son système phonétique et jusqu'à sa grammaire. Son vocabulaire primitif a fini par disparaître presqu'en entier pour être remplacé par des mots de provenance Celtique, Latine, Germanique, Castillane, Provençale (2).

Veut-on se faire une idée des difficultés contre lesquelles il faudra lutter pour établir l'affinité de l'Eskuara avec l'Ostyak ou le Suryène? Que l'on se figure un linguiste s'efforçant de prouver la commune origine du bas Breton et du Lithuanien, sans avoir recours à aucune des langues mortes ni à aucun dialecte d'origine latine ou germanique.

On le concevra donc sans peine ; quelques articles de revues fort courts d'ailleurs et faits à la hâte ne pouvaient suffire à dissiper toutes les ténèbres dont la question était environnée. Tel est, précisément, le motif qui aujourd'hui nous met la plume à la main et nous engage à reprendre l'œuvre commencée depuis plusieurs années déjà. Dans une série de mémoires destinés à se succéder à peu d'intervalle l'un de l'autre, nous examinerons toutes les particularités que présente le système grammatical et phonétique de l'Eskuara, ainsi que celui des idiomes de l'Oural. Le présent travail offrira au lecteur un exposé aussi complet que possible de l'ensemble de leur structure grammaticale et des formes de leur déclinaison.

(1) Voyez la note I à la fin du volume.
(2) Voyez la note II à la fin du volume.

OUVRAGES CONSULTÉS.

I. POUR L'ÉTUDE DE LA LANGUE ET DE LA NATION BASQUE,

A. MANUELS ET GRAMMAIRES — 1° F. de l'Ecluse, *Gram maire de la langue Basque*. — 2° M. Harriet, *Grammatica es cuaraz eta francesez* (Grammaire en Basque et en Français.) — 3° S. H. Blanc, *Grammaire de la langue Basque*. — 4° Don Fr. Ignaz. de Lardizabal, *Grammatica vascongada*. — 4° B. Archu, *Uzkara eta franzes Grammatika*. — 5° Th. d'Abbadie et A. Chaho, *Etudes eskuariennes*.— 6° *Dissertation critique sur la langue Basque* (par l'abbé Darrigol.) — 7° L'abbé Inchauspe, *le Verbe Basque*.

B. VOCABULAIRES. — 1° M. de Larramendi, *Diccionario tri lingue castellaño, bascuence y latin*. — 2° Le Dictionnaire Bas que Français et Français Basque de Sylvain Pouvreau (ma nuscrit conservé à la Biblioth. impériale de Paris.) — 3° Sa laberry, *Vocabulaire des mots Souletins et bas Navarrais*.

C. TEXTES, PROSE, PROVERBES, POÉSIES. 1° Arnaud Oïhénart, *Proverbes et poésies Basques*. — 2° Francisque Michel, *le Pays Basque*. — 3° F. de l'Écluse, *le Sermon sur la montagne en Grec et en Basque*. — 4° *Laborantzako liburua*, le Livre du la boureur (publié à Bayonne, sans nom d'auteur.)

D. HISTOIRE, ARCHÉOLOGIE, ÉTUDES DE MŒURS. —1° A. Oïhé nart, *Notitia utriusque Vasconiæ*; — 2° G. de Humboldt, *Prüfung der Untersuchungen über die Urbewohner Hispaniens*, (Examen des recherches sur les aborigènes de l'Espagne). — 3° S. F. Graslin, *de l'Ibérie*; — 4° A. Chaho, *Histoire primitive des Euskariens Basques*; — 5° de Saulcy, *Essai de classification des monnaies autonomes de l'Espagne*; — 6° A. Boudard, *Essai sur la numismatique Ibérienne*; 7° A. Chaho, *voyage en Na varre;* — 8° Un article de M. Léonce Goyetche sur le *Voyage archéologique et historique de M. Cénac Moncaut*, inséré dans le n° du 17 février 1857, du *journal de Bayonne*.

II. LANGUES DE L'OURAL.

1° Divers articles de M. le professeur Boller *sur les langues Finnoises et Altaïque; leur système de declinaison et de conju gaison, les divers détails de leur structure grammaticale*, in serés dans les *Rapports des séances de l'Académie impériale des sciences de Vienne*, à partir de l'année 1853 (en Alle mand) ; — 2° plusieurs mémoires sur les *rapports du Fin nois et du Lapon avec les autres langues d'Europe, sur la nature de la langue Hongroise et les affixes du Hongrois* par MM. Hensleigh Wedgwood et Fr. Pulszky, inserés dans les nu méros 1856-58 des *Transactions of the philological Society* (en

Anglais); — 3° J. Ihre, E. Lindahl, et J. OEhrling, *Lexicon laponicum*; — 4° A. v. Hupel, *Grammaire Esthonienne* (en Allemand); — 5° F. Wiedemann, *Essai d'une Grammaire de la langue Suryène* (en Allemand); — 6° A. Castreu, *Elementa grammatices tcheremissæ*; — 7° H. de Gabelentz, *Essai d'une grammaire Mordvine* (en Allemand), inseré dans le II° vol. du journal Asiatique de Gœttingue; — 8° Sam. Gyarmathi, *Affinitas linguæ hungaricæ cum linquis fennicæ originis*; — 9° À Castren, *Essai d'une grammaire Ostiake* (en Allemand).

METHODE TRANSCRIPTIVE.

1° pour la. langue Basque, nous avons suivi presque constamment l'orthographe adoptée par M. l'abbé Inchauspe. Nous ne donnerons ici, en nous basant spécialement sur le dialecte Souletin, que les lettres dont la prononciation s'écarte de celle du Français.

Le *B*, toutes les fois qu'il n'est pas initial ni précédé d'un *m*, possède un son intermédiaire entre le *b* ut le *v*, identique à celui du *b* Castillan et Provençal.

Le *e* n'est jamais muet. Le plus souvent, il est ouvert et se rapproche un peu du son de l'*i*. Néanmoins nous le trouvons fermé, lorsqu'on l'emploie comme finale.

Le *G* est toujours guttural; nous prononcerons donc *gizon*, homme, comme s'il y avait *guizon*.

Le *H* Souletin et Navarrais est toujours aspiré, sauf quand il est précédé du *c*; chez les Biscayens et les Gipuzkoans, il reste toujours muet.

Le *ll* a le son du *ll* mouillé des Castillans, du *li* français, dans *liane*, *lierre*. Néanmoins, chez les Basques français, il résonne généralement comme notre double *l* dans *mailéable*, *pelle*.

Le *n* ne sert jamais à donner un son nasal à la voyelle qui précède ; *mendi*, montagne, se prononcera comme si le *n* et le *d* étaient séparés par un *e* muet.

Le *ñ* équivaut à notre *gn* dans *ignorer*, *hargneux*.

Le *r* est doux et grasseyant entre deux voyelles, p. ex., dans *hari*, fil; dur dans les autres cas, p. ex , dans *haur*, enfant.

Le *r* double n'est cependant qu'un son simple, il ne diffère en rien du *rr* âpre et rude des Castillans.

Le *rh* (p. ex., dans *arhan*, prune) possède un son intermédiaire entre *d* et *r*, inconnu au Français.

Le *s* possède un son gras et plein inconnu au Français; c'est notre *s* prononcé la langue entre les dents. Cependant, dans quelques mots du dialecte Souletin, tels que *jesus*, *gisa* (manière, guise), il est identique au *s* français.

Le *t* double correspond à notre *t* prononcé la langue entre les dents. C'est vraisemblablement le *t* dental pur de l'Irlandais.

Le *u* équivaut à notre *ou*. Toutefois, en Souletin, il se prononce comme le *u* français.

Le *y* est toujours consonne ; entre deux voyelles il a le même son que dans le Français, *payer*, *voyage*. Placé entre une consonne et une voyelle, c'est un *d* mouillé. Prononçons donc *anyereyer*, belette, comme s'il y avait *andyereyer*.

Le *z* se prononce comme notre *c* doux dans *ciel, ceci, pièce*. Néanmoins, dans quelques mots, tels que *aizin*, loisir; *zarta*, éclater ; *ezne*, lait, il est identique à notre *z*.

Le *tz* correspond au *z* italien dans *azione*.

Le *tch* équivaut au *ch* espagnol. Larramendi le rend toujours par *ch*. Du reste, en Guipuzkoan, il paraît se confondre avec le *ch* français.

Les lettres doubles *kh, th, ph, lh*, ne se prononcent pas comme le θ et le χ des Grecs, mais simplement comme un *t*, un *p* ou un *l*, après lesquels on fait entendre une légère aspiration. Ainsi le Basque *aphez*, prêtre, devrait être transcrit en Français *ap-hés*.

Les diphtongues *au* et *eu* ont toujours le son de *aou, eou*, jamais celui de notre *au, eu*.

Le *oa* et le *oe*, ou *ve* se prononcent *oua, oué*, lisons donc *yinkoa*, dieu, *zeruen*, dans les cieux, comme s'il y avait *dyinkoua, sérouen*.

Enfin, le *ai* et le *oi* se prononcent comme si l'*i* était marqué d'un tréma. Néanmoins, dans le Labourd et les provinces occidentales le *i* se mouille assez souvent.

II. Pour le Magyar. Le *a* non accentué se rapproche de l'*o* et correspond au *a* sombre des Autrichiens. Accentué, il a le son d'un *a* allongé et équivaut au *a* double allemand dans *paar*, paire.

Le *cz* équivaut au *t* suivi d'un *s*, p. ex., *czipoe*, soulier, pron. *tsipœ*.

Le *cs* a le son du *tsch* allemand dans *gutsche*, carrosse.

Le *e* non accentué a tantôt le son de l'*e* ouvert dans l'Allemand *mensch*, homme, tantôt celui d'une espèce d'*e* muet, alors on le remplace assez souvent dans l'écriture par un *œ*.

Nous trouvons ainsi *veres* et *voeroes*, rouge.

Le *e* accentué correspond à notre *e* ouvert prononcé d'une manière traînante.

Le *gy* équivaut au *g* Italien, dans *gente, giro*.

Le *i* accentué n'est autre chose que le *ie* allemand.

Le *ly* est notre *l* mouillé dans *feuille, deuil*.

Le *n* ne sert point à rendre nasale la voyelle qui précède.

Le *ny* correspond à notre *gn* dans *règne, Allemagne*.

Le *o* non accentué se rapproche par le son de notre **diph-**thongue *ou;* accentué, il ne diffère point de notre *o* prononcé un peu lentement.

Le *oe* sonne comme le *oe* allemand ouvert.

Le *oé* a le son fermé du *oe* allemand dans *koenig,* roi.

Le *s* se prononce comme notre *ch* dans *chat, échelle.*

Le *sz* a le son d'un *s* double.

Le *ty* équivaut au *ch* mouillé de l'Allemand dans *welche, quel? maegdchen,* petite fille.

Le *u* non accentué ne diffère en rien de notre diphtongue *ou;* accentué, il prend une prononciation plus traînante.

Le *ue* a la valeur de notre *u* prononcé très-bref comme dans *butin, mutin.*

Le *ûe* équivaut à notre *û* dans *flûte.*

Le *zs* correspond au *j* français dans *jour, éjaculation.*

Les autres lettres ressemblent, et pour la forme et pour le son à nos lettres françaises.

III. Pour les autres idiomes de l'Oural, nous suivrons autant que possible l'orthographe employée par M. Boller dans son mémoire sur *les Langues Finnoises.* Voici les points sur lesquels elle s'écarte de l'orthographe française.

Le *ae* correspond à notre *e* ouvert.

Le *ó* lapon a le son de l'*a* sombre des Autrichiens.

Le *oe* équivaut à la diphthongue française *oe* dans *bœuf, œuf.*

Le *u* se prononce comme le *ou* français dans *mourir, poudre.*

Le *ue, ü,* et le *y* équivalent à notre *u,* dans *butte, cultiver.*

Enfin les voyelles longues en Suomi et en Esthonien sont marquées par un redoublement, p. ex., *aa* pour *â, ee* pour *ê,* etc.

Le *j* à le son de notre *y* dans *payer, yeuse.*

Le *s* répond au *ch* français dans *chaque, chérir.*

Le *sz* de l'Ostyak à le son du *s* français dans *soir, savant.*

Le *s* paraît se prononcer comme le *s* en Allemand, ou comme le *ts* français.

Le *'z* correspond à notre *j* dans *jour, jetter.*

Le son du *gn* français dans *agneau, peigne* sera rendu au moyen des deux signes *ñg.*

La liquide *n* ne sera jamais employée à donner un son nasal à la voyelle dont elle se trouvera précédée, Nous laisserons de côté les aspirées *tl, thl* de l'Ostyak, parce qu'elles sont spéciales au seul dialecte Surgute.

Nota. — Pour ne pas retarder l'impression, nous avons dû remplacer les voyelles ponctués du Magyar, etc., par les mêmes voyelles suivies d'un *e.* Les voyelles accentuées du Magyar seront rendues par la voyelle suivie d'un *é* accentué.

CHAPITRE Ier

STRUCTURE GRAMMATICALE

Pressés par le temps nous ne pourrons donner au présent mémoire toute l'extension que nous aurions désiré. Nous laisserons les langues Touraniennes de l'Asie presque tout à fait en dehors de nos recherches. Nous nous attacherons spécialement aux langues Ouraliennes proprement dites qui semblent du reste avoir conservé beaucoup plus fidèlement que leurs congénères de l'Orient les principaux traits de leur physionomie primitive et à presque tous les égards se rapprochent aujourd'hui encore bien davantage de l'Eskuara.

Ainsi que le Finnois, le Lapon, le Magyar ou Hongrois, le Basque ou *Eskuara* appartiennent à la classe des idiomes agglomérants ; c'est-à-dire que chez eux la relation grammaticale n'y est point marquée au moyen d'une mutation interne de voyelles comme cela a si souvent lieu dans les langues sémitiques : par exemple en arabe, *ilm*, science ; *œlama*, savants ; — *qatab*, il a écrit ; *qoteb*, il a été écrit ; *qotob*, des livres ; ni au moyen de la fusion des divers éléments de désinence entre eux et de leur influence sur la racine. Prenons par exemple en grec le participe présent du verbe τύπτω, dont le radical est τυπτοντ, la désinence ντ formant la caractéristique du participe. Le masculin se trouve régulièrement marqué en grec par la désinence ς, le féminin par ια et le neutre ne prend point de signe spécial.

On devrait donc s'attendre, à avoir les formes suivantes, masculin τυπτοντ-ς ; féminin, τυπτοντ-ια ; neutre, τυπτον-τ. Les lois phonétiques propres à la langue grecque ne permettent point qu'il en soit ainsi et les éléments auront à subir une

1

sorte de fusion. Le τς du masculin doit disparaître comme
trop dur à l'oreille ; en revanche, la voyelle qui précède sera
renforcée et il restera la forme usuelle τύπτων. De même pour
le féminin, le τι se raccourcit en ς et la syllabe ον s'adoucit en
ου ; nous dirons donc τύπτουσα et non τυπτόντια. — Enfin quand
au neutre, il ne subit qu'un seul changement qui est la sup
pression du τ final. Comme exemple de l'influence exercée sur
la racine par la flexion, citons l'adjectif français *digne* et le
verbe *daigner* ; le sanscrit *boudh,* savoir, et l'indicatif présent
bôdhâmi, je sais, dans lesquels la voyelle radicale elle-même
se trouve sensiblement modifiée.

En Basque et dans les langues de l'Oural, les choses se
passent tout différemment. En règle générale, le radical reste
toujours invariable ; il n'y a guère d'exception que pour les
pronoms personnels, lesquels subissent un commencement de
véritable flexion. Par exemple en Lapon, *mon,* moi, *todn,* toi ;
au pluriel *mije,* nous, *sije,* vous ; au duel *môi,* nous deux,
sôi, vous deux. — En Turk, *ben,* je ou moi, datif *bana* à moi ;
sen, toi ; *sana* à toi, etc., et quelques verbes, surtout dans le rameau tchoudique et spécialement en Esthonien. Par exemple
en Esthonien *siduma,* lier, *soelama,* être lié ; *séutud,* ce qui
doit être lié — En Lapon, *mon leb,* je suis, et *mon lijeb* j'é-
tais.   On trouve cependant en Magyar *kel,* il apparaît, il sort
et *koelt* il fait éclore ; — *tel,* il remplit, et *toelt,* il verse, il fait
remplir. Nous ne parlerons point ici des idiomes Kotte et
Ostyake de l'Ienisseï, chez lesquels le principe de la flexion
semble aussi développé que dans les langues sémitiques, parce
que leur origine touranienne, bien que probable, n'est point encore scientifiquement démontrée. Il se pourrait d'ailleurs
qu'elle fût chez eux le fruit d'une importation étrangère. C'est
ce qui a eu lieu notamment pour la nation finnoise des Os-
tyakes Surgutes, lesquels ont adopté la flexion à l'exemple de
leurs voisins de l'Ienisseï, à partir d'une époque qui vraisemblablement n'est pas fort reculée. Ils changent volontiers l'*a*
et l'*o* en *i* et en *y* dans les mots qui sont munis de la suffixe
possessive, par exemple, *amp,* un chien, et *impem* mon chien,

— *tâs*, la marchandise, et *tisem*, mes marchandises, — *pôm*, l'herbe, et *pymem*, mon herbe, etc.

Le Basque, lui, nous fournira un exemple de flexion pronominale dans *ni*, je ou moi ; génit. *nere* de moi ; datif *neri*, à moi, etc. La voyelle radicale se modifiera également dans quelques parties de la conjugaison verbale. Par exemple, <u>*niz*</u> ou <u>*naiz*</u>, je suis (traitement indéfini) et *nuzu*, je suis (parlant à une seule personne) ; — *diala*, qu'il est, au lieu de *duela*, qui serait la forme régulière, mais n'est pas toujours employé. Il en est de même dans un petit nombre de substantifs contractés; *hirur* trois, et *heren* (contr. pour *hiruren*), le tiers ; — *hemeretzi* dix-neuf (contr. pour *hamar*, dix, et *bederatsi*, neuf).

On le voit donc, malgré le petit nombre d'exceptions ci-dessus mentionnées, l'absence de flexion interne n'en reste pas moins ùn des caractères qui rapprochent le Basque des idiomes de l'Oural, tout en le séparant nettement des familles sémitique et Aryenne.

Nous ne verrons pas davantage ni chez les Basques, ni chez les peuples de l'Oural, les éléments qui constituent la désinence se fondre et s'amalgamer les uns avec les autres. Par exemple dans le Magyar, *varos-oknak*, datif pluriel de *varos*, ville, *ok* sera le signe exclusif et non modifié du nombre et *nak* celui du cas. — De même dans le Turk, *sev-ich-e-me-mek*, ne pas pouvoir s'aimer réciproquement, *ich* marque la réciprocité (p. ex. *sev-ich-mek*, s'entre-aimer), la syllabe *me* indique la négation (p. ex. *sev-me-mek* ne pas aimer) le *e* est le signe de la possibilité (*sev-e-mek* pouvoir aimer). Enfin la syllabe *sev* constitue la racine et la finale *mek*, le signe de l'infinitif. Il résulte de tout ceci que les désinences peuvent être considérées comme des mots véritables. Il sera aussi conforme à la vérité de voir un signe de datif dans la syllabe *nak* du mot *varos ok nak*, que d'y voir une particule ayant le sens de notre préposition *à*, *vers*; de même dans l'Eskuara *gizon-entzat*, pro homine, nous pourrons soutenir indifféremment qu'il n'y a qu'un mot ou bien qu'il en existe deux, le premier correspondant à notre mot *homme*, le second à notre particule *pour*.

Tout au plus supprime-t-on parfois, ou contracte-t-on une des suffixes ajoutées au mot, mais sans lui faire subir de manipulation comparable à celles dont les langues, indo-européennes nous offrent de si nombreux exemples, p. ex. en Lapon, acc. sing., *attjeb*, le père, et accusat. plur., *attjit* (contr. pour *attjebit*) ; en Esthonien *haerge*, des bœufs (contr. pour *haergaede*; en Basque) *gizonok*, l'homme (sujet actif du singulier) et *gizonek* les hommes (pour *gizona-ek*, forme qui existait encore du temps d'Oïenhart et s'est peut-être conservée jusqu'aujourd'hui dans quelques dialectes.

Remarquons toutefois que ces pluriels contractes en vigueur dans les idiomes du groupe tchoudique, en Lapon, en Suomi ou Finlandais, dans plusieurs dialectes samoïèdes, tels que le Yourak et le Tavgu, enfin dans l'Eskuara lui-même, nous rappellent beaucoup plus ceux du Sanskrit que ceux des autres idiomes d'origine touranienne.

Le Basque du reste a eu tant de crainte de voir les divers éléments de flexion se confondre l'un avec l'autre qu'il ne manque guère, lorsque l'occasion s'en présente, de les séparer au moyen de lettres euphoniques. Le pronom de la 3ᵉ pers. a fera au genitif *a-r-en* et non *a-en*. On dira au locatif *gizone-t-an*, in homine, et non *gizon-an*. Le *t* se trouve ici intercalé dans le but de prevenir le hiatus et l'élision de voyelle qui en pourrait être la suite. Certains dialectes toutefois, tels que le Labourdin et le Cantabre emploient les formes datives *chorie-i*, *han lie-i*, *avibus*, *magnis*, au lieu du souletin *chorier*, *handier* ou des formes encore plus complètes *chorieri*, *handieri* usités dans quelques cantons.

Il n'est pas surprenant que des affixes si mal attachées au mot principal ne puissent exercer presque aucune influence sur la voyelle du radical. Tout au plus parviennent-elles à augmenter son intensité, mais sans modifier essentiellement sa nature : par exemple, en Magyar, la racine substantive est souvent accentuée, tandis que la racine verbale ne l'est pas, p. ex. *alszik*, dormir et *álom*, sommeil.

Une autre conséquence du principe d'agglomération, c'est

qu'il ne saurait y avoir, ni en Basque ni dans les langues de l'Oural, plusieurs paradigmes pour la déclinaison et la conjugaison, au moins dans le sens qu'auraient attaché à ce mot les Grecs et les Latins. Les quelques différences (souvent motivées par la loi d'harmonie des voyelles dont nous parlerons tout à l'heure) que l'on remarque dans la manière de traiter certains noms ou certains verbes ne sont pas en général aussi considérables que celles admises par le Grec entre la déclinaison de κεφάλη et celle ἥμερα, la conjugaison de λέγω et celle de φιλέω. Or, l'on sait que ces différences se réduisent à fort peu de chose, et sont pour ainsi dire imperceptibles. La forme déterminée du Magyar *irom,* je l'écris (par exemple *irom á levelet,* je l'écris la lettre) est à l'indéterminé *irok* j'écris (par exemple *irok á levelet,* j'écris la lettre) dans le même rapport que le verbe actif du latin à son passif, et non pas dans celui ou la première conjugaison se trouve vis-à-vis de la cinquième.

Il existe un autre genre de flexion très-fréquent dans la famille indo-européenne : c'est celui qui consiste dans le redoublement d'une partie de la syllabe radicale, par exemple en grec λύω parfait λελύκα ; en latin *parco,* parfait *peperci* ; il parait n'avoir jamais été fort pratiqué par les peuple Ouraliens. Le Lapon néanmoins en offre un exemple, par, exemple *mon leb* je suis ; optat. *mon lulib* ou *lublub* que je sois, encore est-ce plutôt là un cas de répétition du mot entier qu'un véritable redoublement.

Mentionnons enfin une dernière espèce de flexion, laquelle semble plutôt du ressort du dictionnaire que de celui de la grammaire. Elle consiste dans une altération de la voyelle destinée à marquer non un simple changement de catégorie, mais bien une modification dans la signification du mot (1). Par exemple en Magyar, *all* être debout, et *üll* être assis ; —

---

(1) Voy. Rœhrig, *Eclaircissements sur quelques points de la grammaire des langues tartares*

amaz, ille hic, et *emez*, hic hic ; — *azon*, ille, et *ezen*, hic ; — *fa*, arbre et *fü*, herbe ; — *ide*, de ce côté-ci et *ode*, de ce côté-là.

En Turk Osmanli, *gelmeq*, venir et *qalqmaq*, rester, — *olmeq* mourir et *olmaq*, devenir, en Samoyède (dial. Ostyake) *ñga-ñga*, sœur aînée et *ñgeñya*, sœur cadette.

En Tougouse Orotong *akin*, frère et *óki*, sœur. En Ostyak de l'Ienisseï, *kat*, celui-là et *kit*, celui-ci même.

En Mandjour *ama*, père et *emé*, mère ; — *amkha*, beau-père et *emkhé*, belle-mère ; — *bimé*, être et *boumé*, mourir ; — *ghagha*, mâle et *ghéghé*, femelle ; — *gayan*, résolu, hardi et *gégen*, faible, indécis ; — *garoudaï*, oiseau fabuleux, le phénix des Indous, et *géroudeï*, sa femelle, — *fouçikôn* abject, vil et *vécikhon*, précieux, élevé ; — *vazimé*, descendre et *vézimé*, monter.

De même en Basque, *aretché*, veau, ou génisse et *orotch*, veau mâle ; — *urdé*, porc et *ahardi*, truie ; — *kurruka*, râler et *karraka*, râcler, grater ; — *a*, et *ak*, lui, celui (forme active ou déterminée et *i*, *ik* (forme interrogative ou indéterminée).

Nous trouvons au reste quelques vestiges de ce procédé dans plusieurs idiomes appartenant aux familles les plus diverses, mais bien moins marqués que dans les dialectes Touraniens. Par exemple, en Norrain, *fakr*, blanc, brillant et *feïgr*, noir ; — en Arabe, *nar*, feu et *nour*, lumière ; — en Breton, *korn*, corne de la tête et *karn*, celle du pied ; — en Taïtien, *rau*, grande feuille et *rou*, feuille de petite dimension ; — en Marquesan, *koée*, anguille de mer, et *kouée*, anguille d'eau douce ; — en Hawaïen, *pa*, toucher et *pi*, ramper ; — en Tonga, *ta*, frapper et *ti*, jeter (1).

Une loi euphonique commune au Basque et aux idiomes de l'Oural, c'est celle qui proscrit l'emploi d'une double consonne au commencement du mot ; quelques expressions de provenance étrangère échappent à la règle, p. ex. en Esthonien *traat*, de l'Allemand *Drath*, fil de cordonnier ; — *traggon*, dracunculus.

(1) Caussin, *Du dial. de Taïti.*

Mais souvent aussi, spécialement en Suomi et en Magyar, ces mots perdent la première consonne, la séparent de la suivante ou ont recours à une voyelle initiale. P. ex. de l'Allemand *schnuer*, corde, *stall*, écurie, le Magyar fait *sinór*, *istállo*. — Le Suédois *tralla*, chanter ; *planka*, plancher devient en Suomi *rallataa*, *palkki*.

Cette loi du rejet de la double consonne souffre néanmoins, quelques exceptions dans plusieurs mots d'origine certainement touranienne, exceptions généralement plus apparentes que réelles, et tenant à l'orthographe ; il est clair que dans le Magyar *lyuk*, trou (prononcez *youk*), l'oreille ne perçoit que le son d'une seule consonne au commencement du mot. De même dans le Lapon *sun*, serviteur (pron. comme s'il y avait *chounn*).

D'autres fois néanmoins, elles tiennent au système phonétique propre à tel ou tel dialecte. Sans parler des demi-voyelles *y*, *u*, *w*, qui admettent parfaitement une consonne devant elles, p. ex. en Suomi *syoetaa*, manger, ni des lettres répétées p. ex., en Magyar *szarv*, corne (pron. *ssarv*), ni des palatales ou sifflantes précédées d'une dentale, p. ex. en Esthonien de Dœrpat, *soog*, sabot (prononcez *tsóg*). Bornons-nous à rappeler que le Lapon admet volontiers un *s* init. devant d'autres consonnes, p. ex. dans *snjaera*, rat (Ost. *tinger*) ; — *stalo*, un géant, un cyclope ; — *stainak*, un renne femelle qui ne donne pas de petits ; — *snjuttje* pointe, piquant, etc.

Sur ce point, le Basque se montre plus sévère que la plupart de ses congénères. Tous les mots commençant par deux consonnes que l'on rencontre dans son vocabulaire, tel que *pleitu*, procès, plaid ; — *klar* clair ; — *primiciñ* prémices, sont d'origine française, espagnole ou provençale, et paraissent s'être introduits à une époque fort récente. Ceux dont l'adoption remonte plus haut ont déjà, pour ainsi dire, été habillés à la mode basque, p. ex., *kurutze* croix, — *phereka* frotter (latin, fricare). — *Loria*, délices (latin, gloria). Quant aux mots vraiment et purement basques, ils ne souffrent point de consonnes avant la demi-voyelle ni de dentale avant la sifflante, du moins au commencement des mots. Bien plus, certains dialectes, repoussent presque toute accumulation de consonnes, même médiales. Du français *persil*, p., ex., ils font *perechil*.

Nous ne parlerons pas de la répugnance qu'éprouve le Basque à admettre le *r* comme son initial ; il dit *arropa* pour *robe*, *Erroma* pour *Rome ;* le latin *regem* devient *errege*. Cette loi euphonique semble spéciale a l'Eskuara (1) et ne se retrouve point dans les dialectes Touraniens, du moins dans ceux de l'Europe.

Il nous reste maintenant à examiner la loi d'harmonie des voyelles. Les voyelles des syllabes de relation doivent s'harmoniser avec celles des syllabes de signification.

Il existe en effet trois ordres de voyelles, les *dures* qui sont *a, o, u (ou)*. — Les *molles* *a, œ, u.* — Les *moyennes i, e.*

1° Si les voyelles du radical sont *dures*, celles de la désinence doivent être *dures* aussi.

2° Si elles sont *molles*, les voyelles terminatives seront *molles* également.

3° Les voyelles *moyennes* réclament presque toujours des voyelles de flexion *molles*.

4° Des voyelles *dures* et *moyennes* au radical, réclament des voyelles terminatives *dures*.

5° Les voyelles *molles* et *moyennes* du radical, réclament des voyelles de terminaison *molles*.

P. ex., en Turk *aghâ* maître, pluriel *aghâ-lar*, — *er* homme, pluriel *er-ler*. — En Magyar *haz* maison ; *haz-bol* de la maison ; — *kert*, jardin et *kert boel* du jardin, etc.

La loi d'harmonie a disparu du Basque, sauf, dit-on, de deux petits dialectes montagnards, notamment celui de *Llo iio*. Nous n'oserions toutefois affirmer l'exactitude de ce fait.

Peut-être en est-il resté quelques vestiges dans certains mots, tels que *hagun* écume, *hurun* et *irin* farine, etc.

---

(1) Elle existe en *Tamoul*, et M. d'Abadie l'a retrouvée chez plusieurs na-tions africaines.

Parfois l'on dirait qu'en vertu d'une loi toute opposée, ce soit la voyelle terminative qui exerce son influence sur les précédentes, p. ex. dans *mocholon* mousseron, — *morrodon* cadeau pascal (litt. don de la marraine). Nous ne croyons pas au reste, devoir partager l'opinion de certains linguistes qui voient dans cette loi d'harmonie, un caractère essentiel des idiomes, Touràniens et prétendent exclure de leur sein, toute langue ou elle ne serait pas observée. Un dialecte du Tchérémisse, le le Tavgu, le Jourake, s'accorde à la rejeter, et cependant leur origine Ouralienne ne saurait être contestée.

Si de l'étude des lois phonétiques nous passons à celle de la grammaire proprement dite, le premier caractère qu'il conviendra de signaler en raison de l'influence décisive, qu'il semble avoir exercée sur la constitution et le développement de la langue Basque, aussi bien que des idiomes de l'Oural, ce sera la structure inverse de la phrase. Le régime précède le mot auquel il se rapporte, le génitif a le pas sur le substantif qui le gouverne, l'objet a le pas sur le verbe. Citons p. ex., le Magyar *mulatságomat talalom benne*, je trouve ici à m'entretenir (litt. colloquium meum invenio hic.) — Le Lapon, *jubmeleb pittolet* (Deum colere) — Le Suomi, *silma on Ruumin walkeus*, oculus est corporis lucerna, etc ;. de même en Eskuara, *lumatu artean ollusko horiek arta handi behor dute* (litt. *ad plumis cooperiri usque in aviculi isti, cura magna necessitatem habent.*)

Il résulte de là, que la particule de relation doit suivre son régime, et que la *préposition* devient forcément une *postposition*. Citons p. ex., le Lapon, *kôte sisne*, dans la maison (litt. domo in). —Le Magyar *hajlék nelkuel* sans toit (litt. tecto sine); — l'Esthonien, *armo larbhi* (amore cum). etc.; — le Basque *zure gotik* pour vous (litt. tui pro).

On pourrait même dire sans trop d'inexactitude, que cette loi d'inversion est la base sur laquelle s'est élevé tout le système grammatical des peuples Touraniens. Ils n'emploient guère en effet, d'autres signes de relation que des suffixes, lesquelles dans le principe étaient sans aucun doute des noms ou pronoms isolés. Plus tard, elles se seront soudées d'une manière plus ou moins complète avec le régime qu'elles suivaient. Cette hypothèse, ainsi que nous le verrons plus loin, se trouve presque changée en certitude par l'étude attentive et la comparaison des dialectes Finnois et Tartares.

Du reste, ces règles de syntaxe sont beaucoup plus scrupuleusement observées parmi les tribus atlaïques que chez les peuples de l'Oural. Le plus souvent, nous verrons le Magyar ou le Suryène ou même le Basque se borner à placer la postposition après le nom, le régime indirect avant le mot auquel il se rapporte. Pour tout le reste, on suivra tantôt l'ordre logique, tantôt l'ordre naturel des idées. Citons par ex. le proverbe esthonien *hea koeht tais on orja kergeparras palk*, une bonne nourriture est la meilleure récompense pour le serviteur. — *Issa kuel saab naese, agga lapsed ei sa emma* (pater certe reperit uxorem, sed pueri non reperiunt matrem.) — De même en Lapon *i le utseŭ daigeb pareb* (non est parva farina melior) : c'est un paresseux, un propre à rien. — *Kreine munji tabb puorist*, explica mihi hoc exacte ; — *Wina piwajatta almatjeb*, vinum refocillat hominem, etc. Citons le proverbe Eskuara : *yainkoak, beta langile on izanagati, nahi du lankide.* (litt. Deus, etiamsi operarius bonus sit, desiderio habet auxilium).

On voit même certaines postpositions changer de place et se mettre avant le régime : p. ex. en Esthonien, *enne mind*, devant moi (*enne*, devant). En Suomi, *tuuli wastaan* (ventum contra) ou *wastaan tuuli* (contra ventum). Au reste, cette particularité par laquelle les plus nobles des idiomes de l'Oural se rapprochent du système indo-européen, nous la rencontrons surtout dans le rameau tchoudique.

Aucun des idiomes de l'Oural ne possède de formes grammaticales propres à distinguer le masculin du féminin. P. ex. en Votuèke, *puhé*, *kóva*, *suvê* signifieront à la fois *saint* et *sainte*, *dur* et *dure*, *profond* et *profonde*. Les quelques formes féminines du Basque dans *artzain*, pasteur et *artzainz*, bergère ; — *alhargun*, veuf et *alhargunz*, veuve ; — *okhin*, boulanger et *okhinz*, boulangère ; — *debru*, diable et *debruz* diablesse ; — *ari*, *ahari*, mouton et *ardi*, brebis, ne sont vraisemblablement qu'une contrefaçon des désinences romano-latines en *isse*, *esse*, *issa* ; p. ex. en français, *prophéte* et *prophétesse*, *dieu* et *déesse*, *diable* et *diablesse*, *pécheur* et *pécheresse*, *tigre* et *tigresse*. En général, lorsqu'il devient absolument nécessaire de montrer que l'individu dont on parle n'appartient point au genre masculin, on emploie quelque mot ayant le sens de *femme*, *femelle* ; p. ex. en Magyar : *Kiraly*, roi et *kiraly nœ* reine (litt. rex fœmina) — en Eskuara *urdé*, porc et *urdeme* (contr. pour *urde eme*), truie. (litt. porcus fœmina).

Quelques idiomes touraniens et le Basque entre autres, établissent une distinction plus ou moins complète entre le genre animé et le genre inanimé. Nous en reparlerons plus loin.

La voyelle préfixe semble avoir une valeur générique dans les deux mots basques *Izeb*, tante et *Oceb*, oncle.

Il existe aujourd'hui encore en Eskuara certains débris de ce que nous pourrions appeler une *langue des femmes*. Plusieurs expressions sont spécialement réservées à l'usage des hommes, plusieurs autres à celui de leurs compagnes. Un individu du sexe masculin appellera sa sœur *orreb*. Une femme la désignera du nom de *ahisp*. Nous ne rapportons qu'à titre de simple curiosité ce fait, auquel nous ne connaissons point d'analogue dans les idiomes Atlaï-Ouraliens. Plusieurs peuples sauvages des deux continents ont au reste un langage spécial pour les femmes, p. ex. les *Mondingos* en Afrique, les *Chiquitos*, les *Moxes*, les *Guayacurus*, les *Caribes* et les *Guaranis* dans l'Amérique du Sud (1). S'il faut en croire Virey, chez ce dernier peuple, les femmes auraient eu l'habitude de changer d'idiome en se mariant. Aux nations déjà citées, joignons les *Groenlandais*, les *Miztèques*, les *Natchez*

---

(1) Balbi, *Introduct. à l'Atlas ethnographique du globe*, liv. I⁰ʳ, p. 4⁹. — Virey, *Hist. naturelle du genre humain*, vol. III, p. 118.

dans l'Amérique du Nord. On trouve également chez les *Aztèques*, les *Quichés* et les *Caqchiquels* quelques traces de cette particularité (1).

Un mot suffira au sujet des affixes possessives usitées dans la plupart des dialectes de l'Oural, mais que le Basque semble avoir perdues depuis longtemps.

Elles accompagnent soit le radical, soit les divers cas de la déclinaison du nom et de l'adjectif, p. ex. en Votueke, *raetti*, une cravatte et *raettini*, ma cravatte ; — *lintu*, un oiseau et *lintusi*, ton oiseau ; — *poika*, un fils, *poikano*, votre fils, *poigaleno* à votre fils. Remarquons au reste que ces suffixes ont également disparu de l'Esthonien, et qu'elles sont à peine employées en Suryène.

Nous nous étendrons un peu davantage sur la rareté des dé rivaux pronominaux au sein de l'Eskuara et de ses congénères occidentaux.

Une des causes qui sans aucun doute ont le plus contribué à la clarté du discours dans les idiomes indo-européens, c'est la remarquable facilité avec laquelle le pronom s'y prête à former de nouveaux mots par voie de dérivation. Les racines s'y divisent donc en deux grandes familles presque également fécondes. La première dite *famille verbale*, comprend les racines des mots de signification, lesquelles, par l'adjonction de certaines affixes, se transforment en noms verbes ou qualificatifs, p. ex. en grec, le radic. λεγ d'où λέγω λογὸς, λέγων, λόγικος.

A la seconde, désignée du nom de *famille pronominale*, se rattachent une grande partie des mots de relation (prépositions, conjonctions, beaucoup d'adverbes.) Citons p. ex. le latin *ab*, grec ἀπὸ, sanskrit *apo*, formé lui-même du *a* démonstratif et de la finale *pa*.

Ce mode de dérivation n'offre du reste rien qui nous doive étonner, la racine pronominale étant en raison même de sa

(1) Voy. M. l'abbé Brasseur de Bourbourg, *Grammaire de la langue Quichée*.

nature abstraite et indéterminée, de toutes la plus propre à rendre l'idée de relation.

Dans les idiomes Touraniens, les choses se passent d'une manière assez différente. Les adverbes de lieu, interrogatifs ou relatifs, la plupart des conjonctions, qui au reste sont fort peu nombreuses, ne consistent guère, il est vrai que dans certaines formes casuelles de la déclinaison pronominale. Citons p. ex. Le Lapon *tasne*, ou *tanne* ici, qui est l'essif de *tat* celui-ci. ce. — Le Suryène *nekœn* nulle part (contr. pour *nekœden*) essif de l'indéfini *nekod* personne nul. — Le Basque *nola* comment? Constitue l'allatif de *nor* qui, quel?

Le Suomi *kun*, quand, alors que, n'est lui aussi que le génitif du même pronom.

En revanche, la plus grande partie des adverbes, et toute une classe de mots de relation, les postpositions ont une origine, soit nominale soit adjective. D'ordinaire, c'est le nom lui-même qui, à un ou plusieurs cas de sa déclinaison, se change en particule; p. ex. le Lapon *adnem*, acquisition, donne au locatif *adnest*, beaucoup. — Le Tchérémisse *lo*, medium, forme l'illatif *lochka* et l'inessif *lochta*, entre, parmi. Parfois c'est le radical ou nominatif lui-même qui sert de particule, p. ex. en Mordvine *alo*, sous, et la partie inférieure; — en Lapon *sis*, dans, et le dedans. Généralement, ainsi que le démontrent les exemples précités, c'est le mot à sens général et abstrait qui donne naissance à la particule. Néanmoins, ce peut être quelquefois aussi le nom à valeur matérielle ou concrète; du radical *wo*, la bouche, le Suryène formera à l'essif *womœn*, au travers de.

Nous le voyons donc clairement, la postposition est dans les idiomes de l'Oural confondue d'une part avec la flexion du cas, de l'autre avec le substantif. Elle pourra à l'occasion se décliner, recevoir l'affixe possessive, comme p. ex. dans le Magyar *melle*, auprès; *melleten* auprès de moi (litt. meum propinquum); *melletted*, penes te; — *koeruel*, autour, *koeruellem*, autour de moi (litt. circum me); *koeruelled* circum te; *koeruelle*, circa eum, etc.

L'Adverbe, lorsqu'il consiste en un cas du nom, se confond fréquemment avec la postposition, p. ex. en Suomi, *edellae, edeltae* devant et auparavant; — en Lapon *manga* et *mangel,* retro, post, postea, in futurum, etc. Assez souvent aussi ces deux classes de mots se rendent chacune par un cas différent, p. ex. en Suomi, l'adessif *jaelellae,* sera adverbe et aura le sens de pone, et l'inessif *jaellessae* correspondra à la préposition *après, ensuite de.*

Nous voyons parfois enfin, le nom ou qualificatif tomber en désuétude, excepté précisément aux cas ou il est pris comme particule. Cette dernière semble alors se rapprocher davantage de la préposition indo-européenne. P. ex. l'allatif Tchérémisse *wüke,* super, l'ablatif *wüelek,* ab, proviennent d'un radical aujourd'hui perdu, *wül,* tête qui s'est conservé dans le Suomi, *paa,* Esthonien Suryène *wüü*; Magyar *fej ;* Turk *bach.*

Toutes les particularités que nous venons de signaler, se retrouvent en Basque, p. ex., *alde* signifie à la fois groupe, troupe et autour ; *ondoan,* auprès, est le locatif de *ondo,* pied (litt. in pede); — *gero* a le double sens de *suite* et *ensuite, après*; — le mot *eguna,* le jour, sous sa forme radicale *egun,* correspond à notre adverbe *aujourd'hui,* etc.

Une conséquence naturelle de l'absence de prépositions véritables, et du peu de flexibilité du pronon au sein de la souche Touranienne, c'est sa pauvreté en fait de conjonctions, cette classe de mots se prêtant en effet moins que toutes les autres à être rendue au moyen de racines verbales.

Le petit nombre de conjonctions que nous rencontrons ne sont même pas du moins dans les idiomes du nord de la Russie et de la Sibérie, toujours indigènes. Elles ont fréquemment été empruntées à des nations indo-européennes. Telles sont, p. ex. les particules suivantes du Mordvine, *she,* mais ; — *i,* et ; — *ili, ali,* ou; — *ni,* pas même, non plus ; — *no, a,* mais ; — *koli,* si; —*bude,* pourvu que ; —*chtob, chto,* que ; — *da,* mais ; — *by,* alors ; — *li-li,* soit, ou bien, etc., dont la provenance Moscovite est incontestable.

Les conjonctions de source veritablement Touranienne sem-

blent généralement découler du pronom, comme p. ex. l'Ostyak *ta*, qui a le double sens de *et*, et de *celui*; — *met*, qui
signifie à la fois *quel*, *lequel* et *que*; — l'Esth. *sèst*, alors,
donc, qui n'est autre chose que l'élatif de *se*, le même, lui-
même. Les unes sont enclitiques et se rapprochent un peu du
caractère de la postposition; citons p. ex. en Tchérémisse, *ke*,
même; — *kiny*, bien que; — *olgek*, si, etc. — Les autres sont
isolées, et placées avant le mot qu'elles gouvernent. Elles parti-
cipent alors de la nature de l'adverbe. Citons p. ex. en Suryéne
kudz, lequel est pris à la fois en qualité de conjonction *si*,
pourvu que, et en qualité d'adverbe *comme, ainsi que*. Remarquons que dans les dialectes du groupe tchoudique ainsi que
dans plusieurs autres, les conjonctions se rencontrent presque toujours isolées.

Bon nombre de nos particules conjonctives sont d'ailleurs
remplacées par des postpositions, alors le verbe auquel elles
sont jointes se transforme en noin verbal ou participe muni
d'une affixe possessive. Citons p. ex. en Suomi, *ollewa*,
étant; *ollewassani*, quand je suis (litt. meum ens); du 3ᵉ sub
stantif verbal *olema*, étant, on obtient *ollemassani*, tant que je
suis (lit. ente in τò meo); — *sanomansa taehḍaen*, je fais parce
qu'il l'a dit (litt. dicto] cum ejus facio); — de même en Su
ryène, *süja wo müstoem*, après qu'il fut venu (litt. ejus post
venitum); — de même en Tchérémisse, *karamcha goḍam*,
tandis qu'il mange (litt. avec le manger de lui).

Les choses se passent d'une manière assez semblable en
Eskuara. Dans cet idiome, la conjonction est encore plus rare
qu'en Finnois ou en Suyéne. On la rend soit comme en Suomi
p. ex., *ene yitalano*, jusqu'à ce que j'arrive (litt. jusqu'au
venir de moi), soit par un cas de la déclinaison accolé au
verbe, ainsi que nous le verrons plus loin.

On ne saurait s'attendre à retrouver au sein d'idiomes qui
ne connaissent ni la flexion ni la préposition pronominale cette
distinction des diverses catégories du langage, cette classification rigoureusement logique des parties du discours qui donne
à la fois tant de souplesse, d'énergie et de clarté à nos langues

indo-européennes. Et c'est en effet ce qui a lieu pour les dialectes dont nous nous occupons. Nous les verrons confondre sans cesse, p. ex., l'adjectif avec le nom, le participe avec le verbe, le radical et la racine avec l'expression grammaticale, le mot simple avec le composé. Presque toujours le radical servira de nominatif et ce cas ne prendra point de caractéristique, comme dans le Suomi *karhu*, ours, genit. *karhu-n*.

La branche Vogoule à laquelle se rattachent les Magyars, les Ostyaks et les Vogoules propres, supprime volontiers la désinence de la 3ᵉ pers, de l'indicatif du verbe indeterminé et la remplace également par le radical pur. Citons l'Ostyak Surgute, *men*, qui a la double valeur d'une racine verbale et d'une 3ᵉ personne, *it*, *abivit*; — de même en Magyar *ir*, il écrit, est à la fois radical et personne de l'indicatif, etc. Le même phénomène se reproduit, mais avec plus de développement encore, chez les peuples Altaïques; en Turk, p. ex., *sever* est en même temps verbe dans le sens de *amat* et participe dans celui de *amans*.

Quant aux idiomes Tchoudiques, Permiens (Suryène, Permien, Votuèke) et Volgaïques (Mordvine et Tcheremisse), ils conservent la flexion, p. ex., en Esthonien de Revel. *ta walmistud*, il prépare (radic. *walmist*); — en Mordvine *sodan* je sais et *sody* il sait.

Le signe du comparatif et du superlatif s'appliquera aussi bien au nom qu'à l'adjectif, p. ex., en Suomi, *haen asua rannempana*, il demeure plus près de la rive ; ce que l'on pourrait rendre par le latin barbare, *ille habitat ad ripiorem*.

Le participe sera souvent employé comme un adjectif véritable et régira le génitif, p. ex., en Magyar, *fa vago*, tailleur d'arbres (litt. præcidens arborum); — en Lapon, *Mučro s'uôppje*, etc.

Nous verrons le qualificatif, la particule et le verbe recevoir des affixes possessives, tout comme le substantif, p. ex., en Magyar, *Melle*, auprès ; *melletten* auprès de moi (litt. meum penes); *melletted*, auprès de toi (litt. tuum penes); — *koeruel*, autour ; *koeruellem*, autour de moi ; *koerue'led* autour de toi ; *hinnem kell*, il faut me croire (litt. credere meum oportet); *hinnuenk kell* il faut nous croire (litt. credere nostrum, etc.) — En Lap. ; *jaakkedinam*, credere mihi; — *jaakkedinès* credere ei; — en Suo., *ellen*, nisi ego; *elles*, nisi tu, etc.

Souvent même la flexion personnelle du verbe ne se distingue plus de la désinence possessive. P. ex. en Magyar *var-om*, je l'attends (rad. *vâr*), et *kalap-om*, mon chapeau ; — *var-od*, tu l'attends, et *kalap-od*, ton chapeau ; — *var-unk*, nous attendons, et *kalap-unk*, notre chapeau. — En Ostyake (diál. Irtûche) *íma*, femme, et *ím-em*, ma femme ; *ím-en*, ta femme ; *ím-et* uxor ejus, tout comme du rad. *pan* ponere ; *pan-em* pono ; *pan-en*, ponis ; *pan-et* ponit. Au reste, cette confusion entre la désinence du sujet prononcial et l'affixe possessive semble moins fréquente dans les autres idiomes Ouraliens, surtout dans ceux du rameau Tchoudique; p. ex., en Lapon, on a *atja-m*, mon père; *atja-t,* ton père; *atje-s* pater ejus, et *mon etsab*, amo; *todn etsah*, amas; *sodn etsa*, amat.

Tout au contraire, les dialectes Samoyèdes, si riches en suffixes possessives de toute espèce, n'ont cependant jamais su distinguer celle du nom de celle du verbe. En Yourake, p. ex. *louçám* sign. à la fois *mon Russe* et *je suis un Russe*. En Samoyède Yénisseique *esé* a le double sens de *pater* et *pater est*. On peut dire avec vérité que, dans ces idiomes, il n'existe ni formes substantives, ni formes verbales dans le sens que nous attachons d'ordinaire à ces mots. La même confusion se retrouve chez la plupart des autres tribus de l'Asie Orientale. En Turc, p. ex., c'est le participe qui en recevant des affixes possessives forme toute la conjugaison : p. ex., *baqar*, aspiciens; *baqarsan*, tu aspiciens, tu regardes ; — *sevidjek*, amaturus ; — *sevidjeyim*, que j'aimerai (litt. meus amaturus). Certains idiomes vont plus loin encore : pour changer un nom ou même un membre de phrase tout entier en verbe, il leur suffira de lui accoler un pronom même personnel, p. ex., en Koïbale, *kic'i*, homme, et *kic'i ben*, je suis un homme (litt. homo ego); — en Karagasse *og*, maison, datif, *ogda*, à la maison, et *ogdamen*, je suis à la maison (litt. domo in ego). — Par un procédé inverse, le verbe Mandjour précédé d'un pronom, joue le rôle du nom;

p. ex., *ini sabourako*, leur aveuglement (litt. τὸ eorum non
videre). Quant à la confusion du mot simple et du composé,
il n'est guerre d'idiome de l'Oural qui ne nous en offre de
nombreux exemples. Nous avons déjà dit que les particules
étant très-faiblement unies au mot principal, peuvent être
considérées comme autant d'expressions indépendantes ; mais
ce n'est pas encore tout : souvent l'on verra le substantif
changer de catégorie grammaticale dans le cours de sa déclinaison. Prenons p. ex., le Lapon *abletis, sine questu*, c'est
le caritif régulier de *ablek*, gain, profit. A ce cas, le mot
change d'ordinaire de valeur, il devient le nominatif d'un adjectif ayant le sens de paresseux, désœuvré. Ce nominatif
pourra être décliné à la manière ordinaire, aura pour superlatif
abletisumus, très-paresseux, et donnera naissance au dérivé *able-*
tiswuot, paresse, négligence. — De même, *addamisesne*, gros,
replet n'est autre chose que l'essif de *addam*, os, et signifie litt.
dans l'os (qui a de la moelle dans les os). De même enfin, en
Suomi, dans le Kaléwala, *lehmae*, vache; carit. *lehmaettae*,
sine vacca, d'ou *lehmaettaemyys*, l'état de celui qui n'a point de
vache.

C'est par une méthode analogue qu'en français nous avons
formé les mots : un *sans cœur*, un *panier percé*, un *laissez*
passer, un *dominus vobiscum*, un *in-folio*. Mais ce procédé n'a
jamais été employé parmi nous que d'une manière tout excep-
tionnelle et pour ainsi dire par hasard. D'ailleurs, ces substantifs ne possèdent pas pleinement leur droit de cité ; ils ne
donnent naissance à aucun dérivé. Pour que l'on pût retrouver
au sein de la famille indo-européenne quelque chose d'analogue à ce qui a lieu en Lapon, il eût fallu, p. ex., que les
Latins eussent vu dans le composé *vobiscum* un nom suscep
tible d'être regulièrement décliné sur *templum* et de donner
naissance à de nouveaux substantifs dérivés.

Sous le rapport de la classification méthodique des parties
du discours, l'Eskuara mérite d'occuper un rang distingué
parmi les dialectes Touraniens.

Sans doute, sa grammaire est à bien des égards incomplète,

comme celle de tous les idiomes agglomérants. Il distingue
à peine l'adjectif du nom et ne possède qu'un seul paradigme de déclinaison, pour ces deux classes de mots ; chez
lui, le substantif prend les degrés de comparaison, p. ex., *bide
hau bideago da*, ce chemin-ci est meilleur (litt. plus chemin)
ou même des signes de temps, par ex. : *emaste*, épouse,
emaste-gai, fiancée (litt. femme future) ; — *handi*, grand et
handi-gei, qui doit grandir, qui sera grand. Le même phénomène se reproduit d'ailleurs dans certains idiomes touraniens, par ex. en Mandjour, *niamlai pantchiré poutchérépé ouo
tokopoupahi*, qui a déterminé la vie ou la mort de l'homme
(litt. le devoir mourir). Les particules du Basque ne sont pas
mieux distinguées des substantifs qu'en Magyar ou en Lapon.
Enfin la pauvreté de l'Eskuara en fait de conjonctions est
beaucoup plus grande que celle des idiomes de l'Oural ou
même de la plupart des dialectes Atlaïques. Mais d'un autre
côté, il montre une véritable supériorité dans la manière de
traiter le verbe. Quoi qu'aient pu dire quelques auteurs à ce
sujet, *naiz* ou *niz* appartient bien évidemment à une catégorie
grammaticale autre que *gizon*, homme, et il serait injuste de
prétendre ramener tous les mots de la langue basque à une
seule classe, celle des noms. Non-seulement le verbe n'est
plus confondu avec le participe ou le nom comme en Samoyède et en Turk, mais encore nous le voyons former ses
nombreux modes, ses voix, ses temps, au moyen de certains
procédés spéciaux, de certaines mutations, brisures de lettres
dont nous n'avons pas à nous occuper ici, et qui se confondant
parfois avec la flexion s'élèvent toujours fort au-dessus des
procédés habituels de l'agglomération. Nous parlerons tout
à l'heure plus au long de cette faculté que possèdent chacun
des mots basques sans exception, de s'accoler les uns à la
suite des autres certaines affixes verbales, nominales ou ad-
jectives, qui lui permettront de donner ainsi naissance à de
nouveaux noms, à de nouveaux verbes, et cela jusqu'à l'infini.
Faisons toutefois remarquer qu'elle augmente singulièremen!
la richesse de la langue et ne nuit pas en réalité plus à la

clarté du discours chez les habitants de la Biscaye que n'y pourrait nuire en français, l'emploi de l'article devant l'infi-nitif dans les phrases suivantes : *perdre le boire et le manger* ; *le pouvoir et le vouloir sont choses bien différentes.*

Enfin, quant aux mots composés, à peine peut-on dire qu'il en existe dans les langues d'origine Touranienne. Le plus souvent, ils sont formés de la manière suivante :

Le nom au génitif dépouillé de sa désinence se place avant le mot qui le régit, de manière à s'incorporer plus ou moins parfaitement avec lui; p. ex. en Magyar, *ember-áldozat*, sa-crifice humain ; — en Basque, *etche-anderia*, la maîtresse de maison ; — *uztar*, joug et *uztar-hedia*, courroie à joug. 2° Lorsque deux mots se rapportant l'un à l'autre sont au même cas, au même temps, au même mode, etc., et placés l'un à côté de l'autre, le dernier seul prend la flexion de cas, de mode, de temps, etc., les précédents restent sous leur forme radicale, p. ex., en Suryène, *Burvistalom Jesus Chris-tosloen, Jenpiloen*, Évangile de Jésus-Christ, fils de Dieu, et non pas *Jesus-loen, Jenloen*, qui seraient les formes régulières. De même, en Basque, *gizon haudiaren*, du grand homme et non *gizonaren — gizon, emakumé, haur guziak*, tous les hommes, toutes les femmes, tous les enfants. On pourrait cependant dire également *gizonak, emakumeak*, etc.

Remarquons que dans certains dialectes Ouraliens, p. ex., en Lapon et en Esthonien, on se rapproche plus des règles de la grammaire Arienne, et l'on répète la flexion après chaque mot, p. ex., en Lapon, *faertet* (pour *faertest*) *harest*, de tout côté, et non *far haerest*, etc.

Enfin, dans les langues Touraniennes, la préposition ne s'accole point au verbe, sous forme d'affixe, comme cela a lieu, p. ex., pour le latin *cumvenire*, l'allemand *zu-tragen*, suppor-ter. On ne rencontre d'exception à cette règle que dans les idiomes qui ont subi une influence germanique prolongée, tels que l'Esthonien et le Magyar.

Avant de clore cette première partie, nous donnerons un ré-sumé des caractères physiologiques, par lesquels l'Eskuara semble se rattacher aux langues de l'Oural; nous dirons un mot, ensuite de certaines particularites propres à cet idiome, tels que la formation de composés par brisure des radicaux ou le développement extraordinaire de la méthode incorporante. Le lecteur pourra juger si elles sont bien réellement suffisantes pour infirmer une communauté d'origine que nous attestent à la fois, l'étude comparée de la grammaire et des vocabulaires (1).

1° Ce qui rapproche l'Eskuara des dialectes de l'Oural, c'est la formation par voie d'agglomération, l'idée de relation étant toujours marquée au moyen de suffixes, facilement séparables du mot principal.

2° La structure souvent inverse de la phrase, et la mutation de préposition en postposition.

3° L'absence de distinction entre les genres masculin et féminin.

4° Le peu de flexibilité de la racine pronominale, d'ou il résulte que la postposition a une origine substantive, et que l'emploi de la conjonction se trouve resséré dans d'étroites limites.

5° La confusion entre les diverses catégories grammaticales, l'emploi du radical simple pour rendre une idée de relation, l'affectation au nom de désinences de nature adjective, le changement de catégorie que subissent certains noms dans une partie de leur déclinaison, etc.

6° L'absence de composés verbaux tels que nous en rencontrons en Sanskrit et surtout de prépositions accolées au verbes et au nom.

7° La répugnance a admettre une double consonne initiale.

Enfin, 8° une affinité incontestable, dans les mots les plus usuels et les plus importants; dans certaines formes de la conjugaison et de la déclinaison.

.

---

(1) Voy. la note 3 à la fin du Volume.

D'un autre côté, le Basque s'éloigne des idiomes de l'Oural :

1° Par le rejet de la loi d'harmonie des voyelles, bizarrerie qui, du reste, peut s'expliquer sans trop de difficulté, cette même loi ayant, comme nous l'avons déjà dit, disparu de certains dialectes d'origine évidemment Ouralienne.

2° Par le rejet des suffixes possessives. Ce qui pourrait bien être un résultat du contact avec les idiomes étrangers comme en Esthonien et en Suryène.

3° Par l'adoption de quelques désinences féminines, évidemment d'origine romano-latine et probablement d'introduction récente.

4° Par la formation de composés, au moyen de l'élimination de certains radicaux. En Basque, p. ex., on trouve une série de mots composés, dans lesquels la syllabe radicale de l'un des composants a plus ou moins complétement disparu ; citons p. ex., *hamaratzi* ou *hemeretzi*, dix-neuf, pour *hamar bederatzi*, — *hauridé*, frère, sœur, de *haur*, enfant, et *kidé*, semblable ;— *Ilhun*, crépuscule, pour *kill egun* (litt. mortua dies) ;— *orzanz*, tonnerre (litt. nubis stridor), pour *orz-azanz* ; — *nigorgitea*, pleurer, pour *nigor*, lacrymam et *egitea* facere.

Peut être devons nous joindre à ces exemples, *luhunz* lierre, de *lur* terre et *ahunz*, chèvre ?— le nom propre *Bidassoa*, de *bide* chemin, *itchassoa* la mer? Cette élimination des lettres radicales se rattache évidemment à certaines lois euphoniques encore fort peu étudiées. On a remarqué, p. ex., que la gutturale entre deux voyelles s'efface souvent, même au commencement d'un mot composé. Ce procédé de formation étranger aux idiomes de l'Oural, est très-employé par certains peuples du Nouveau-Monde. P. ex. en Lenapé, *pilapé*, jeune homme, de *pilsitt*, chaste, et *lenapé* homme ; — *kitannitowit*, toi qui es l'être suprême, de *kitchi*, grand, *manitou*, esprit, et *wt*, désinence verbale ; — *kitagichgouk* espèce de serpent qui ne sort que la nuit, de *kitamen*, craindre, *gichouh*, soleil, et *achgouk*, serpent. — En Dakotah, *tiñtata*, vers la prairie, de *tiñta*, vers, et *yata*, prairie.

Son adoption en Eskuara ne nous prouve qu'une chose, c'est l'état de profonde barbarie dans lequel était sans doute retombée la nation Vascone à l'époque où il a commencé à être en usage. En effet, le triple caractère des langues sauvages, c'est d'écourter autant que possible leur vocabulaire primitif, de remplacer les mots simples ou dérivés par des composés, enfin de peindre chaque idée, chaque action de la manière la plus concrète, en n'épargnant aucune des circonstances accessoires dont elle peut·être accompagnée. Aussi M. Gaussin nous fait-il observer que les expressions *monter en haut, descendre en bas*, qui chez nous constituent un pléonasme, seraient seules régulières dans le dialecte de Taïti. Il sera peu conforme au génie de la langue de dire que l'on va à la pêche, sans indiquer le genre de pêche et l'instrument dont on se doit servir.

L'Indien de l'Amérique du Nord qui veut rendre notre expression *fumer, je fume* est contraint, nous dit M. l'abbé Domenech (1), tant par la pauvreté de son vocabulaire que par les exigences même de l'idiome qu'il parle, d'avoir recours à la périphrase suivante : *J'aspire la vapeur d'un feu d'herbe qui brûle dans un petit foyer de pierre, enfoncé dans un bâton troué.* Et comme il tiendra à tout dire en un seul mot, on juge sans peine des dimensions auxquelles peuvent atteindre certains composés. L'on n'aura sans doute trouvé d'autre moyen de les abréger un peu, que d'éliminer une partie des radicaux dont il était formé. Telle semble avoir été précisément la marche suivie par la langue Basque. A part les emprunts faits aux nations voisines, elle ne possède qu'un nombre extrêmement limité de radicaux et se sert volontiers de deux mots là où les autres dialectes européens n'en mettraient qu'un. Citons p. ex. *hill-argi*, lune (litt. lumen mortuum, ou peut-être *lumen mensis*) ; — *belhaun*, genou, prob. pour *belhar*, front, et *oin*, pied, jambe ; — *basurdé*, sanglier (litt. porc sauvage). Elle a

---

(1) Domenech, *Voyage dans les grands déserts du Nouveau-monde*, p. 392

donc **dû** aviser **par** tous les moyens possibles à prévenir les inconvénients qui pouvaient naître de l'emploi habituel du mot composé.

Du reste, nous trouvons des traces de ce procédé dans les idiomes les plus divers, spécialement pour certaines formules, certaines expressions d'un usage fréquent; p. ex. en grec ζωγρέω, prendre vivant, pour ζῶον ἀγρέω — En latin *malo*, pour *magis volo*; *nolo*, pour *non volo*; *macte*, pour *magis aucte*. — En français *mam'zelle* pour *ma demoiselle*. — En *Allemand bum*, *zum*, chez le, vers le, pour *bei dem*, *zu dem*. — En hébreu, *raphsodah*, radeau, de *raphad*, étendu et *iasad* fondement. — En Arabe *raçoullah*, prophète de Dieu, pour *raçoul el Allah*; — en Japonais, *koyé*, cabane pour *ko*, petite, et *iyé*, maison; — *konata*, moi, pour *kono*, celle, et *kata*, place; — *sonata*, toi, pour *sono*, ce, celui-ci, et *kata*; — *anata*, lui, pour *ano*, ce, celui-là, et *kata*. — En Marquesan, *métuahiné*, parente, de *metua*, parent, et *vahiné*, femme; — en Taïtien, *te rii toua*, le chef divin, pour *té arii atoua*, etc. On voit donc que cette élimination du radical ne constitue pas un caractère d'une importance bien réelle, au point de vue de la classification linguistique.

5° Par la facilité avec laquelle il peut former des mots déjà munis d'une flexion grammaticale, des radicaux nouveaux eux-mêmes susceptibles de prendre toutes sortes de désinences.

Les suffixes dans les langues de l'Oural jouissent à un haut degré de la faculté de s'adjoindre à toute espèce de radicaux. En latin, p. ex., la désinence en *tas* (*veritas*, *caritas*) ne s'applique qu'a un fort petit nombre de substantifs, tandis qu'en Esthonien, nous pourrons faire de tout infinitif un nom abstrait en changeant sa désinence *ma* en *minne*, p. ex., *teggema* faire et *teggeminne* l'action. — On en ferait un nom concret en changeant cette même finale en *ja*, p. ex., *muma* acheter, *muja* acheteur. Nous retrouvons la même particularité en Basque, avec cette différence toutefois que les syllabes de relation étant chez lui moins étroitement unies au radical que dans les dialectes Tchoudiques, elles jouissent pour la plupart d'une beaucoup plus grande liberté d'allures.

Les suffixes du Basque se divisent en trois grande catégo ries. Dans la première, nous rangerons celles qui font corps avec le mot principal et ne peuvent d'ailleurs être employées que d'une manière très-limitée. Citons p. ex., les désinences *a* et *u* dans *adogu* secours et *adoga* secourir; — *ingura* entourer, et *inguru* cercle. — *On* dans *gizon* homme, *azkon* blaireau; — *tch* dans *miretch* se fâcher, *ihardetch* répondre, *sinetch* penser, croire, etc. On pourrait les comparer, p. ex., à nos désinences *ion* dans *munition, edition, profession.*

A la seconde classe appartiennent les terminatives qui, plus indépendantes vis à vis du mot principal, peuvent s'adjoindre régulièrement à tous les radicaux; elle correspondent aux finales *minne* et *ja* de l'Esthonien. Citons p. ex., *garri* d'où, *handigarri* qui est propre à faire grandir; — *churigarri* qui fait blanchir, qui nettoie; — *errigarri* risible; — *keri* dans *handikeri*, de *handi* grand, affectation de grandeur; — *ordikeri* ivrognerie; — *gizonkeri*, humanité, de *gizon* homme, etc.

Enfin la troisième division comprendra ces suffixes que l'on peut ajouter non-seulement à tout radical, mais encore même à tout mot déjà pourvu d'une désinence grammaticale; citons p. ex. l'article *a* et le signe de l'infinitif *tu, tze.* Le Basque dira fort bien, comme nous le savons, *handia* le grand, *baia* le oui, *jatea* le manger, *onetsia* ce qui est bon, tenu pour bon (de *onetch* agréer), tout comme *gizona* l'homme, *zakhurra* le chien, *etchea* la maison; — *handitze* aggrandir, *gizontze* devenir homme; — *horratze* mettre par ici (de *horra* ici). Le Français lui-même nous offrirait des exemples de formation analo gues, p. ex., dans les phrases suivantes : perdre *le boire* et *le manger*; il a beaucoup de *laisser aller*; *c'est un prêté pour un rendu*; *le bon et le mauvais.*

Le Basque pourra de plus combiner ensemble ces deux fina les de l'article et de l'infinitif, comme dans *handitzea*, litt., le devenir homme; — *horratzea* l'acte de placer par ici. Ces formes pourraient jusqu'à un certain point être comparées à celle du grec dans το τὰς τιμὰς ἀφαιρεσθαι, litt., le être dépouillé de ses honneurs.

Mais ce qui est tout particulier au Basque, ce qui contribue plus que tout le reste peut-être à lui donner sa physionomie si différente de celles des autres idiomes de notre continent, c'est qu'il peut ajouter son article ou sa désinence verbale non pas au radical, mais même au nom muni de sa flexion casuelle, au verbe accompagné de son pronom ou pourvu de sa désinence de temps et de mode. Citons p. ex., *errege* roi ; forme déterminée *erregea* le roi ; *erregearen* du roi ; *erregearena*, celui du roi (litt. le du roi); *erregearentze*, devenir celui du roi ; — *erregearentzea*, l'action de devenir celui du roi, (litt. le devenir celui du roi), etc.

Ces formes nouvelles constituent chacune autant de radi caux aptes à recevoir toutes les flexions nominales ou verbales et peuvent au besoin donner naissance à leur tour à de nou veaux radicaux, susceptibles, eux aussi, d'être traités d'une manière absolument identique. P. ex., *erregearentzea* aura pour génitif régulier *erregearentzearen* de l'action de deve nir, etc., pour datif, *erregearentzeari*. De ce datif, l'on ob tiendra un nouveau verbe par l'addition du *tze*, infinitif; de ce verbe un nom au nominatif en lui donnant l'*a* article pour finale ; de ce nominatif un datif, un locatif et ainsi de suite jusqu'à l'infini.

L'Eskuara rend plusieurs formes verbales, certaines parti- cules, certains pronoms conjonctifs dont il est dépourvu au moyen de la déclinaison de l'article postposé aux différentes personnes et aux différents temps de l'indicatif : p. ex. *niz*, je suis, *niza*, suis-je (litt. ὁ εἰμι) ; — *nizala*, que je suis, lequel je suis n'est autre chose que la forme allative de *niza* (litt. πρὸς τόν εἰμι). De même, *nintzan*, j'étais, *nintzana*, étais-je, *nintzala* lequel j'étais; — *nizate*, je serai, *nizatia*, serai-je, etc. Enfin, la forme allative munie elle-même de la désinence de l'indé- fini correspond à notre particule tandis que, p. ex. *nizalarik*, tandis que je suis, *hizalarik*, tandis que tu es, *delarik* (pour *dalarik*), tandis qu'il est. Notre conjonction parce que est rendue de même au moyen de l'allatif, suivie à la fois du gé- nitif possessif *ko* et du médiatif *ez* fondus ensemble ; p. ex., *nizalakoz*, parce que je suis, *zaïtze*, ils leur sont, *zaïtzela*, lesquels leur sont ; *zaïtzelakoz*, parce qu'ils leur sont, etc. — *haïgu*, nous t'avons, *haïgula*, lesquels nous t'avons ; — *haïgulakoz*, parce que nous te les avons, etc.

Quelque bizarre que puisse paraître ce mode de dérivation, nous ne pensons pas qu'il implique une diversité d'origine entre le Basque et les idiomes de l'Oural. Dans ces derniers, en effet, nous le retrouvons, au moins en germe. Le Lapon, p. ex., qui prend le caritif de *tjalme*, œil (*tjalmetebme*, litt. oculo sine) dans le sens de l'adjectif cœcus, et le décline à la manière ordinaire, ne fait-il pas exactement, bien que dans les limites plus restreintes, la même chose que le Basque, lorsqu'il transforme le génitif *buru-ko* de la tête en un nominatif nouveau par l'addition de l'*a*, p. ex. *buruko-a* le bonnet (litt. la chose de la tête).

Bien plus, cet article de l'Eskuara se retrouve dans certains dialectes Finnois sous la même forme et employé d'une manière identique. P. ex., en Suryène, le *a* final sert à distinguer le nom verbal simple du participe passif. On dira p. ex., *nuœdœm*, qui a été conduit et *nuœdœma*, celui qui fut conduit. La forme en *œm* et celle en *œma* se confondent souvent dans l'usage, p. ex., *bœrjemjasœs* ou *bœrjemojasœs*, les élus. Néanmoins, la dernière semble exprimer l'idée avec un peu plus de force et par là se rapproche de la nature de l'article, p. ex. *myrdiema loas*, il sera enlevé, litt. ὁ ἁρπάξομενος ἐστιν.

Cet *a* final lui-même n'est vraisemblablement pas sans quelque affinité avec la possessive de la 3ᵉ personne *a, e, je* ou *ja* du Magyar ; p. ex. *hal*, le poisson, *a hala*, son poisson ; *a szem*, l'œil, *a szeme*, son œil, mais qui le plus souvent s'emploie d'une manière pléonastique, comme dans les vers du *rappel* de Vœrœsmarty.

> *hazadnak, rendueletenuel*
> *légy hive, oh Magyar.*
>> litt. patriæ tuæ, impavide
>> sis fidelis ejus, o Hungare.

Il n'est donc pas étonnant que l'affixe possessive ait fini par dépouiller complètement son sens primitif pour se transformer soit en particule intensive, soit en article.

Le Basque ici n'a rien inventé. Tout ce qu'il a fait, c'a été de donner un peu plus d'extension à un artifice grammatical qui, depuis longtemps est connu chez les diverses nations de l'Oural.

Ce n'est pas au reste la première fois que nous voyons certains idiomes développer avec plus ou moins de bonheur des procédés qui n'existaient encore que d'une manière obscure et confuse. Ainsi ont fait l'Arabe et l'Ethiopien, et ils possèdent aujourd'hui un système de conjugaison infiniment plus riche que celui de l'Hébreu ou de l'Araméen; ainsi ont fait l'Espagnol et l'Italien pour leurs désinences diminutives et augmentatives, qui n'ont jamais existé en Latin. C'est par le même moyen qu'en brodant sans cesse sur le vieux fond sémitique, la langue Armariñga a fini par en arriver, ainsi que l'Eskuara, à pouvoir accoler l'article final à toutes les personnes, temps, modes du verbe. Toutefois cette singulière coïncidence n'autorise point à supposer la moindre parenté entre ces deux idiomes ni à méconnaître l'étroite affinité qui existe entre la langue des Amhariniens et l'Arabe ou le Gheez.

6° Par son mode de conjugaison, laquelle s'effectue en preposant à l'auxiliaire être ou avoir, un nom ou adjectif verbal. Ces derniers se mettent à différents cas de la déclinaison, suivant le temps ou le mode ou le temps qu'il s'agira d'exprimer. L'indicatif présent sera marqué par le locatif du nom verbal, p. ex. de *jate*, manger, on a *jaten dot*, je le mange (litt. in τὸ manducare habeo eum), de *ethorri*, venir, *ethorten naiz*, je viens (litt. in τὸ venire sum), on formera le futur au moyen du genitif ou du possessif de l'ajectif verbal : p. ex., *jan-go* ou *janen dot*, je le mangerai (litt. ex manducato habeo eum).

Là encore, le Basque n'a fait malgré les apparences contraires que développer à sa guise et suivant les tendances de son génie particulier les principes généraux qui regissent la grammaire Ouralienne.

Chez les peuples finnois, la conjugaison s'opère de trois manières différentes qu'il convient d'indiquer ici.

A. Le verbe sera formé de l'union du radical verbal à une suffixe pronominale ainsi qu'en Latin, en Slavon ou en Sanskrit. Pour marquer les temps et les modes on leur intercalera quelque lettre supplémentaire, soit consonne, soit voyelle, p. ex., ind. prés. *annan*, je donne ; imparf. *annoin* ; concessif *antanen*, je peux donner. Il n'est pas besoin d'ajouter ici que le pronom verbal sera souvent précédé d'une voyelle de liaison, qu'il sera tantôt distinct de la suffixe possessive, et tantôt confondu avec elle ; qu'à côté des temps simples formés comme nous venons de le dire, il s'en trouvera d'autres qui le pourront être d'un manière différente, etc.

B. Le verbe disparaît complètement et se trouve remplacé par un participe. En Suryènc, p. ex., on dit quelquefois *toi me condnisant* pour tu me conduis. Ce procédé grammatical, emprunté sans aucun doute aux dialectes tartares, ne semble primitif dans aucun des idiomes de l'Oural.

C. Enfin, le verbe résulte de l'emploi d'un participe avec l'auxiliaire. Ainsi se forment la conjugaison descriptive du Magyar, p. ex., *váró vagyok* (litt. expectans sum), et les temps secondaires du Suomi, p. ex., *olen Kaetkenyt* je me suis caché (litt, κεκρύμμενος ἐμὶ). Ce participe est quelquefois décliné, p. ex. dans la voix *actuelle* du Lapon, *mon swaskob*, ego flagello, et *mon leb swaskomen*, ego sum flagellans, ce qui fait encore davantage ressortir ici l'affinité du Lapon et de l'Eskuara, c'est que dans ces deux idiomes, l'indicatif présent est également marqué par l'essif ou locatif du nom verbal ; c'est donc dans le verbe *actuel* ou *descriptif* des dialectes de l'Oural que nous irons chercher le prototype de toute la conjugaison Basque. Quant à la conjugaison directe, ils l'ont évidemment perdue, cela n'a rien qui doive nous surprendre beaucoup ; n'avons nous pas vu le Samoyède et le Turk dont l'origine Ouralienne est cependant incontestable, en arriver à ne plus avoir de con-

---

(1) Nous ne parlerons pas ici des Verbes syncopés, parce qu'ils sont évidemment d'origine récente et formés sur le modèle de l'auxiliaire.

jugaison véritable, et à confondre toujours le verbe soit avec le nom, soit avec le participe ?

1° Enfin le dernier caractère qui différencie le Basque de certains dialectes de l'Oural, c'est la richesse extrême de sa conjugaison auxiliaire. Au verbe s'accole non-seulement le sujet pronominal comme en Grec ou en Latin, mais même aussi le pronom régime, tout comme dans les langues sémitiques ou les idiomes incorporants du Nouveau-Monde.

Au reste la structure incorporante n'est pas complétement étrangère aux dialectes de l'Oural ; en Mordvine, p. ex. le régime pronominal est toujours uni au verbe, et l'on dit en un seul mot *nejsamisk*, vous me verrez ; *kadymem*, il m'a abandonné ; *sajsynze*, il les prendra. La conjugaison déterminée du Magyar renferme également le pronom régime de la 3e personne.

Une différence néanmoins à signaler entre le Mordvine et l'Eskuara, c'est que le premier de ces deux idiomes ne paraît guère joindre plus d'un seul regime au verbe tandis que le second lui en peut accoler jusqu'a deux.

Sur ce point l'Ibérien semble avoir encore voulu pousser les procédés synthétiques jusqu'à leur dernière limite et se rapproche singulièrement des dialectes Américains.

CHAPITRE II

DE LA DÉCLINAISON

CONSIDÉRATIONS GÉNÉRALES

Ainsi que nous l'avons déjà vu. Il n'existe soit en Basque, soit dans les autres idiomes Touraniens qu'un seul paradigme de flexions, lequel est commun au nom, à l'adjectif, à la particule du pronom et même au verbe ; l'emploi de certaines désinences spéciales pour marquer le genre, soit animé soit inanimé ; la forme soit déterminée soit indéterminée ne suffit pas en effet à établir une véritable différence de déclinaison. C'est ainsi, en latin, que les mots *soror* et *corpus* sont considérés par les grammairiens comme appartenant à la même catégorie, bien qu'ils ne forment pas la totalité de leurs désinences casuelles d'une manière absolument identique.

Cette particularité qui est pour ainsi dire une conséquence naturelle de l'agglomération sépare nettement les idiomes dont nous nous occupons des dialectes Indo-Européens. Dans ces derniers en effet, les formes de déclinaison sont généralement très-variées. Il y en a d'affectées spécialement au nom, d'autres à l'adjectif ou même au pronom.

Un autre trait qui à la fois rapproche le Basque du Suomi et l'éloigne du Sanscrit, du Grec et du Latin, c'est que dans les derniers de ces idiomes les flexions casuelles sont toujours simples et reservées à l'expression d'un rapport unique (sauf un petit nombre d'exceptions plus apparentes que réelles) et s'unissent à leur radical au moyen d'un fusion plus ou moins intime. Les relations secondaires sont marquées par la préposition Au contraire dans les idiomes de l'Oural (par conséquent aussi en Eskuara) la flexion casuelle resulte souvent de

la réunion de deux ou même trois éléments à sens tantôt abstrait tantôt concret facilement, séparables du mot principal. Citons p. ex. l'ablatif Suomi *karhulta*, ex urso ; la désinence *lta*
est formée du *l* lequel indique que le mouvement, l'être et la
cause qui produit le même mouvement sont tous les trois
extérieurs au regime et de la syllabe partitive *ta*. Le *l* ne
semble être qu'une contraction de *lu*, le voisinage.

De même dans l'allatif intentif Basque *menditaradiño*, la
désinence *taradiño* est formée de la flexion allative *tara*, de la
particule *den* dès que et de l'adjectif *oro* tout, entier, contracté
avec la syllabe précédente.

On pourrait jusqu'à un certain point ràpprocher de ces formes, les particules postposées du Latin et du Grec dans *vobiscum*, ὁμονδε La principale différence que l'on remarque
entre elles, c'est que ces dernières ne s'emploient que d'une
manière irrégulière et avec un certain nombre de mots déterminés.

Enfin, en Basque, en Ostyak, en Magyar, les mêmes désinences servent généralement pour le singulier et le pluriel.
En Ostyak, p. ex., *iwet* sera la marque de l'ablatif pour les
deux nombres, et l'on dira *kerabiwet*, du char, et *kerabediwet*,
des chars. — De même, en Basque, pour la finale *en* du génitif
zamariaren, du cheval, et *zamarien*, des chevaux. En Latin,
au contraire, presque toujours les désinences changent complétement en passant d'un nombre à l'autre, et la désinence
orum dans *dominorum*, n'a plus rien de commun avec la finale
i, du génitif singulier. Sous ce rapport, nous l'avons déjà dit,
les dialectes du groupe Tchoudique se rapprochent un peu
plus du système indo-européen que tous leurs congénères.
Souvent chez eux, la terminative du pluriel ne ressemble que
médiocrement à celle du singulier ; p. ex. en Lapon, *attjen*,
patris, et *attji*, patrum ; — *attjeb*, patrem, et *attjit*, patres. —
En Esthonien, illatif sing., *silma*, dans l'œil, vers le dedans
de l'œil, et illat. plur., *silmi* in oculis, etc.

Enfin, si les idiomes Touraniens n'ont su joindre que d'une
manière assez imparfaite la particule déclinable au radical,

	MODE INDEF Pas de	MODE DÉFINI.	
		Genre inanimé.	Genre animé.
minatif.		Handiak.	Handiak, Jaunàk, les maitres.
lif.		Handiek, Handiék, Handieek.	Handiek, Handiék Handieeh.
diatif.		Handiez.	Handiez.
nitif.		Handien.	Handien.
lif.		Handieri, Handiei, Handier.	Handieri Handiei, Handier.
catif.		Handien, Zaku ebakietan, dans les sacs percés, Handien, Handietan.	Handien, Nausietan, Handien, Handietan.
blatif.		Handietako.	Handien-tzat.
atif.		Handietarat, Handietara.	Handien-ganat, Handien-yana.
lif.		Handietarik.	Handien-ganik, Nausietarik, Emaztetarik, ex feminis.
asatif.			Handien-gatik, Zuk igorrien gatik, cause de ceux que vous avez envoyés.
spectif.		Mezu igorriak gatik, malgré les avis envoyés.	
iatif.		Handiekin, Handieki.	Handiekin Handieki.
tif-intensif.		Handietaradino, Handietarano.	

la réunion de dex ou même trois éléments à sens tantôt abstrait tantôt conert facilement, séparables du mot principal. Citons p. ex. l'ablif Suomi *karhulta*, ex urso ; la désinence *lta* est formée du *l* lequel indique que le mouvement, l'être et la cause qui produ le même mouvement sont tous les trois extérieurs au rame et de la syllabe partitive *ta*. Le *l* ne semble être qu'ue contraction de *lu*, le voisinage.

De même das l'allatif intentif Basque *menditaradiño*, la désinence *taradio* est formée de la flexion allative *tara*, de la particule *den* dèque et de l'adjectif *oro* tout, entier, contracté avec la syllabe précédente.

On pourrait jsqu'à un certain point rapprocher de ces formes, les particles postposées du Latin et du Grec dans *vobiscum*, ὁμονὸε La principale différence que l'on remarque entre elles, c'esque ces dernières ne s'emploient que d'une manière irrégulre et avec un certain nombre de mots déterminés.

Enfin, en Baque, en Ostyak, en Magyar, les mêmes désinences servent néralement pour le singulier et le pluriel. En Ostyak, p. <., *iwet* sera la marque de l'ablatif pour les deux nombres, l'on dira *kerabiwet*, du char, et *kerabediwet*, des chars. — Dmême, en Basque, pour la finale *en* du génitif *zamariaren*, ducheval, et *zamarien*, des chevaux. En Latin, au contraire, psque toujours les désinences changent complétement en psant d'un nombre à l'autre, et la désinence *orum* dans *domorum*, n'a plus rien de commun avec la finale *i*, du génitif sirulier. Sous ce rapport, nous l'avons déjà dit, les dialectes dugroupe Tchoudique se rapprochent un peu plus du systèm indo-européen que tous leurs congénères. Souvent chez et, la terminative du pluriel ne ressemble médiocrement celle du singulier ; p. ex. en Lapo patris, et *attji*, utrum ; — *attjeb*, patrem, et *attj* En Esthonien, latif sing., *silma*, dans l'œil, v de l'œil, et illat plur., *silmi* in oculis, etc.

Enfin, si les iomes Touraniens n'ont su jo manière assez nparfaite la particule déclin

Genre inanimé.

Nominatif (sujet passif).	*Hun* (bon).	minatif.
Actif (sujet agissant).	*Hunek.*	if.
Médiatif *ou* translatif (de, par.).	*Hunez.*	
Génitif.	*Hunen.*	iatif.
Datif *ou* illatif.	*Huni.*	itif.
Infinitif, indéfini *ou* interrogatif.	*Hunik.*	if.
Positif, inessif *ou* locatif (dans, avec repos).	*Hunetan.*	atif.
Modal *ou* instrumental (par, à coups de).	*Lurka*, par terre.	
Comitatif *ou* sociatif.		latif.
1° Avec mouvement.	*Hunekin.*	
2° Avec repos.	*Hunehi.*	atif.
Caritif *ou* négatif (sans).	*Han-bage, Hun gabe, Ezker-ge ingrat.*	tif.
Destinatif *ou* prolatif (pour, afin de).		
Approximatif *ou* allatif (pour, vers).		satif.
1° Avec mouvement.		
2° Avec repos.		
Contributif (jusqu'à).		
1° Avec mouvement.		
2° Avec repos.		
Ablatif ou elatif (de, p°	*Non*	

flexions varu

en revanche, ils ont sans cesse travaillé à multiplier le nombre de leurs flexions casuelles. Le Suomi en possède quinze, le Magyar plus de vingt, le Basque une quantité indéfinie.

I° DES DIVERSES FORMES DE LA DÉCLINAISON BASQUE.

Bien qu'il ne possède, comme nous l'avons dit, qu'un seul paradigme de déclinaison, le Basque n'en fait pas moins subir à la plupart de ses flexions casuelles, certaines modifications que l'on doit attribuer les unes à des causes purement euphoniques, les autres au besoin de distinguer l'un de l'autre, les genres animé et inanimé, etc. Nous en allons donner ici un tableau aussi complet que possible.

A. *Déclinaison inanimée et animée.* Nous parlerons plus au long tout à l'heure, de l'origine, au sein de la langue Basque, de ces formes affectées les unes aux objets doués de vie, les autres à ceux qui en sont dépourvus. Qu'il nous suffise de dire ici que les flexions variables suivant le genre sont : — 1°. Le destinatif en *tzat* ou *entzat*, pour les premiers ; et qui pour les seconds se confond avec le génitif ; p. ex., *gizonarentzat*, pro homine, *mendiko*, pro monte. — 2°, L'ablatif en *tik* on *tarik*, pour l'inanimé ; p. ex., *menditik*, *menditarik*, ex monte, et *gizonaren-ganik*, *gizonen-ganik*, ex homine. — 3° L'approximatif ou allatif en *tara*, *tarat*, pour l'inanimé, *gana*, *ganat*, *ren-ganat*, pour l'animé ; p. ex., *mendirat*, *menditarat*, pro monte ; *gizonen-ganat*, *gizonaren-ganat,* pro homine.

Déclinaison des radicaux à consonne où à voyelle finale. — Toutes les fois qu'un radical est terminé par une consonne, il prépose un *e* à la flexion casuelle de l'actif, p. ex., *gizon-ek* (par euphonie, pour *gizon-k*); du translatif, p. ex., *gizonez* pr. *gizon-z*, per hominem, et de l'inessif, *gizon-e-tan*, pour *gizon-tan*. Au contraire, si le radical est terminé par une voyelle, il prépose un *r* à la désinence de l'indéfini, du datif, du génitif et des cas formés du génitif, p. ex., *saï*, vultur, *saï-*

rik, quelque vautour ; *sai-r-i*, vulturi ; *sai-r-en tzat*, pro vulture. Cet *r* se supprime quelquefois ; p. ex. on trouve dans M. l'abbé Inchauspe *galdu-ekin*, avec ce qui est perdu, pour *galdu-r-ekin*.

Nous verrons plus loin, au reste, que le Basque emploie volontiers la lettre *r*, lorsqu'il s'agit de séparer deux voyelles contiguës, p. ex. *Hirura* et *hirua*, le nombre trois, *sudura*, le nez (pour *sudua*, etc.)

Enfin il ne serait pas impossible que le *t*, *ta* caractéristique, à certains cas, de la déclinaison indéterminée, et dont nous allons parler tout à l'heure, n'ait été également intercalépar un motif d'euphonie. C'est ce qui a lieu en effet dans un bon nombre de mots composés, p. ex. dans *zezentaldé*, troupeau de bœufs, pour *zezenalde*; — et à l'ablatif déterminé *menditik*, ex monte, pour *mendi-ik*.

Déclinaisan définie et indéfinie. — L'état défini est celui du mot pourvu de l'article final, p. ex. *gizon-a* l'homme ; *mendi-a* la montagne. L'état indéfini est celui du mot dépourvu de cette même finale, p. ex. *gizon*, *mendi*, homme, montagne. L'indéfini, au nominatif, se confond avec le radical, et n'a point de signe caractéristique. Il est certains mots toutefois dans lesquels cet *a* s'est si bien accolé au radical, qu'on le conserve même à indéfini, p. ex. *aita*, père ou le père — *aita bat*, un père; — *erregearen aita dator*, le père du roi vient. Aux génitif, datif, locatif, suivant les dialectes, on redoublera l'*a* ou bien on lui donnera l'accent long, au mode défini, p. ex. *amaaren* ou *amâren*, matris (nomin. *amu* mère), *amaari* ou *amâri*, matri.

Certains cas de la déclinaison indéfinie, le locatif p. ex., et pour les expressions désignant des objets inanimés, le destinatif, l'ablatif et l'approximatif intercalent entre la désinence et le corps du mot un *t*, qui n'est point employé avec le mode défini, p. ex. *menditan*, en quelque montagne, *mendian*, dans la montagne, et *mendira*, vers la montagne, *menditara*, vers une montagne, etc.

Quelle est l'origine de cette consonne intercalée? A-t-elle été placée là pour satisfaire aux exigences de l'oreille? Mais alors pourquoi ne la voit-on jamais employée au mode défini ou cependant elle eût servi à prévenir le hiatus que forme la fréquente juxtaposition de l'article final et de la désinence, p. ex. dans *mendiaan*, in monte, *gizonean*, in homine, adoucis par certains dialectes, en *mendián*, *gizonen*?

Serait-elle le débris d'une ancienne désinence en *te* qui aurait servi à caractériser ce mode, de même que l'article final à marquer le défini? Il serait bien difficile de comprendre alors pourquoi elle s'est si complètement effacée dans tout le reste de la déclinaison.

Son adoption ne serait-elle enfin que le fruit du caprice populaire, que le résultat du besoin que l'on éprouvait de distinguer d'une manière quelconque les deux modes en question? Mais le peuple n'a point de ces fantaisies, surtout lorsqu'il s'agit de sa langue. L'on ne verra jamais les hommes s'entendre pour adopter telle ou telle forme grammaticale sans y être déterminés par un motif tout spécial, et qui pour échapper souvent aux recherches des linguistes n'en a pas moins agi avec une puissance irrésistible.

Quoi qu'il en soit, on ne saurait nier que la présence de cette lettre intercallée ne constitue aujourd'hui un énigme sinon inexplicable, du moins fort insuffisamment expliqué. Une autre particularité du mode indéfini, c'est qu'il possède dans sa declinaison un cas de plus que le défini, celui que les grammairiens désignent sous le nom d'*infinitif* ou d'*indéfini* et dont nous parlerons plus loin.

Remarquons l'article qui s'efface précisément aux cas ou l'indéfini intercale le *t*. On dira donc *Mendiko* au lieu de *Mendiako*.

IIᵒ DE LA NATURE DES DIVERSES FLEXIONS CASUELLES

Sous le rapport des éléments qui servent à les former, elles se divisent en simples, comme le génitif, le locatif, l'actif, etc.,

ou composées, lorsqu'elles résultent de la fusion de plusieurs
désinences ou de différents mots accolés ensemble ; telle est,
p. ex., la terminative de destinatif mediatif en *ezko* formée du
ez mediatif et du *ko* destinatif dont nous parlerons plus loin.

Les flexions simples à leur tour se doivent repartir en différents groupes. Elles peuvent consister d'abord en une simple
consonne à laquelle on ajoute au besoin une voyelle de liaison, telles sont celles de l'actif et du médiatif ou bien en une
voyelle tantôt unique comme pour la désinence du datif, tantôt
suivie d'une consonne, ainsi que cela a lieu pour la terminaison du génitif, du locatif, du contributif et de l'indéfini, ou
même en deux syllabes. Lorsque le radical se termine par
une voyelle, elles le font souvent suivre de l'une des consonnes
euphoniques *r* ou *t*.

Quant aux flexions composées, elles peuvent résulter soit de
la fusion de deux ou plusieurs flexions simples, telles sont,
p. ex., celles du génitif prolatif en *ren tako*, au radical, soit
de l'adjonction d'une postposition déclinée. Ainsi se forment
l'allatif, le despectif, etc.

Il est à remarquer que cette sorte de dernière désinence est
presque toujours spéciale du genre animé. Jointe à un nom
d'objet dépourvu de vie, elle change de nature et entre dans la
classe des terminaisons simples, p. ex., *gizonen-ganat* vers
l'homme et *Mendirat*, vers la montagne.

Ces flexions servent également à rendre des rapports de di-
verse nature, et à ce point de vue se rapprochent singulièrement de celles des idiomes finnois. Nous distinguerons les
terminations qui marquent le repos de celles qui indiquent un
mouvement, une tendance. Par une coïncidence qui sans
doute n'est pas le fruit du hasard, les secondes seules sont
variables suivant le genre. Celles qui marquent un mouvement
en se rapprochant de l'objet emploient les désinences *rat*, *ala*,
tara, tandis que celles qui indiquent un mouvement en s'éloignant de ce même objet prennent la finale *ik*.

Au reste, sans entrer dans de plus longs détails à ce sujet,
bornons nous à renvoyer le lecteur au tableau ci-joint. Un seul

coup d'œil lui sera plus utile sur ce point que ne le pourrait
être une longue explication et lui fera mieux comprendre
tout le système de la déclinaison Basque.

III° DES AFFINITÉS DE LA DÉCLINAISON BASQUE AVEC CELLE DES
IDIOMES FINNOIS.

A. *Nominatif.* En Basque, comme dans la plupart des autres
idiomes Touraniens le nommatif (du moins celui de l'indéfini)
ne se distingue en rien du radical. C'est par lui que les Basques
remplacent l'accusatif inconnu dans leur idiome ainsi qu'en
Suomi et en Esthonien. Nous savons que les Finlandais em
ploient le nominatif pour l'accusatif 1° au singulier, lorsque
le verbe regisseur est à l'impératif. 2° au pluriel lorsque l'ob
jet entier est considéré comme dépendant du verbe. Dans
les autres circonstances, ils emploient le génitif ou le par
titif.

En employant toujours et partout le nominatif à rendre la
notion objective, les montagnards Pyrénéens n'ont donc fait
que donner plus d'extension à une règle déjà en vigueur chez
leurs premiers ancêtres. Les idiomes lénisséiens et parfois le
Burnéte ont recours au génitif en place de l'accusatif, p. ex.,
minagi signifie tout ensemble le fouet (reg. direct.) et du fouet.
Sous ce rapport, les dialectes en question se rapprochent sin
gulièrement du Suomi. Les autres langues Touraniennes sem
blent moins primitives dans leurs formes et se sont créé une
flexion spéciale pour l'accusatif.

En Basque donc, l'on met au nominatif : 1° le sujet du
verbe être, p. ex., *ustea ezta yakitea*, opinion n'est pas science
(opinio non est scientia) ; — 2° le vocatif du latin et du grec,
p. ex., *zaldunâ, egik semea duke, ezayuko*, chevalier, fais ton
fils duc, il ne te reconnaîtra plus ; — 3° le régime direct, p.
ex., *errak egiâ, urkha aite*, dis vrai, tu seras pendu.

Il en serait tout de même, si le verbe était sous-entendu,
p. ex., *erhoaren sinhesteα, zuhur vsti a*, la pensée du fol est qu'il

est sage (litt. insani cogitatio sapientis opinio). — *Atzherri, otcherri*, le pays étranger (est) pays de loups, etc.

B. L'*actif* a pour marque le k final, p. ex., *gizon*, homme, *gizoná*, l'homme, et *gizoná-k*, l'homme (sujet actif). L'origine de cette désinence est assez obscure, elle ne diffère que par l'accent de celle du pluriel; *gizonak*, p. ex. pourra signifier à la fois l'homme et les hommes. Elle résulte peut-être de la mutation du *t*, signe du pluriel en Suomi (p. ex. *karhu*, l'ours, et *karhut*, les ours) en *k*. Le Basque, en effet, admet assez volontiers ce changement de consonnes, p. ex., dans *abaztorra* et *abazkorra*, renvoyer, chasser ; — *pertol* et *perkol*, filet ; — *tuntur* et *kunkur*, bosse. Nous le retrouvons, d'ailleurs, dans plusieurs dialectes de l'Oural, p. ex., en Mordvine, *paerk* et *paert*, autour ; — en Ostyak, *kjelem* et *tjelem*, pleurer ; — en Magyar, *á hal*, le poisson, et *á halak* (pour *halat*), les poissons.

On met à l'actif : 1° le sujet de tous les verbes, sauf le verbe être, p. ex., *arrain ħandiák yaten du ttipiak*, le gros poisson mange les petits (litt. piscis magnus manducans est parvos), et non pas *handiá* ; — 2° le régime indirect du verbe passif, p. ex., *jinkoak mundua egin deu* (litt. Deus mundum factum est).

Dans l'hypothèse que nous venons d'émettre, on aurait imposé au sujet actif du singulier le signe du nominatif pluriel afin de le distinguer du nominatif neutre. Ce serait une métaphore analogue en quelque sorte à celle qui a donné naissance au pluriel respectueux de l'hébreu, *elohim*, les dieux, pour *eloh*, aux formes française *vous*, et allemande *sie* (litt. eux), au lieu du sing. *tu*, *toi*.

Il se pourrait néanmoins que la désinence de l'actif eût une origine différente et se rattachât à l'intensif *k*, *ke*, *ak*, du pronom lapon, p. ex., *tat*, hic iste ; *tatek* hic idem ; — *tan*, istius et *tanke*, *tanka* ejusdem ; — *tassa*, isti ,et *tasak*, ipsi, etc.

C. Le *médiatif* est marqué par la désinence z, p. ex., *mendiz*, *mendiaz*, per montem, per istam montem, ou *ez*, après une consonne, p. ex., *gizon-ez*, per hominem. « Il marque, nous

« dit M. l'abbé Darrigol, le rapport *par* du milieu que l'on
« traverse, ou du moyen que l'on emploie, » p. ex., *ororen
nahiz oro gal*, on perd tout en voulant tout avoir (litt. toti per
cupiditatem, totum pordere) ; — *beldurrez*, par crainte. Quelquefois aussi il correspond au français *en, à, de*, p. ex., *digni-
tate guziz ororen gehiena*, celle de toutes les dignités qui est,
de tous points, la plus élevée (litt. dignitas totum per, om-
nium altissima) ; — *erraiten dugu Eskuaraz*, nous disons en
Basque (litt. dicentes sumus Vasconice) ; *nere ustuz*, à mon
avis. Cette flexion dérive du *translatif* ou *mutatif* finnois
en *ksi*, p. ex., *kuentaeae suomeksi*, traduire en Suomi : *mi-
nulle wahingoski*, à ma honte (litt. à honte pour moi). Ce
translatif est forme du *k*, qui marque mouvemement de l'ex-
térieur à l'intérieur et de la syllabe *se*, caractéristique du
mouvement vers l'objet et au dedans de lui.

Nous devons, suivant toutes les apparences, voir dans la
gutturale une contraction du *ki*, extra, des Magyars; *kindzac* du
Suryène ; *kae*, aller, du Tchérémisse uni au substantif également contracté *sise*, dans, intérieur des Lapons. Les Basques ont
par euphonie, rejeté le *k* et conservé seulement la sifflante. C'est
également ce qu'ont fait les Esthoniens de Dœrpat, p. ex. dans
silm, œil; translat. *silmacs* (pour *silmarks*), et les Lapons, chez
lesquels d'ailleurs ce cas n'a été observé que dans un petit nom
bre de mots, p. ex. dans *ulkos*, extérieurement (pour *ulkoks*).

D. *Le genitif* en *en* ou *r-en*, p. ex. *gizon-en*, d'homme, ct *gizon-a-r-en*, de l'homme, se retrouve sous la forme d'un *n* simple
dans la plupart des idiomes du groupe finnois. P. ex. en Suomi,
karhu, l'ours; gen. *karhu-n*; — Lapon, *attje*, le père; gén. *attjen*;
—Tchérémisse, *sinza*, l'œil; gén., *sinza-n*; — Mordvine, *saelme*,
génit., *saelme-n*. En Turk, le génitif prépose une voyelle à la
consonne finale p. ex., *ev*, la maison, genit. *ev-yn*.

De même en Aïno : p. ex. *téké* la main, génit. *téké oun*.
Ces formes semblent les plus anciennes et ont sans doute été
conservées en Basque, après s'être altérées dans les idiomes
de l'Oural.

Le *n* final des pronoms s'efface généralement. L'on dit p.

ex., *nerc* de moi, pour *neren*; *zure*, de vous, pour *zu-ren*, etc.

E. Le *datif* (*illatif* des grammaires finnois) se termine en *i*, ou avec la consonne euphonique en *ri*, p. ex., *gizoni, mendiri* homini, monti. Au premier coup d'œil, il semble différer beaucoup, et pour le sens et pour le son, de l'illatif Suomi en *an, haen, aan* (p. ex., *kaesi*, la main ; illat. *kaetaeaen*, in manu, avec mouvement du dehors en dedans). C'est ainsi que nous disons en Français, je vais *à* la ville. Il s'y rattache cependant par l'intermédiaire de l'illatif en *i* du Lapon, p. ex. *attje*, père; dat. *attj-i*, patri (litt. in interiore patris); *ae, oe* des Suryenes, *ae* des Votuèkes — de l'allatif en *a* des Ostyaks, p. ex. *sem*, œil, et *sem-a*, à l'œil, vers l'œil, — du datif Turk en *eh.*, p. ex. *ev*, maison, *ev eh* à la maison, etc., etc.

La marque distinctive de ce cas consiste, suivant M. Boller; dans la voyelle pure, laquelle indique le mouvement. Le Suomi y a ajouté la désinence *n* de l'essif et en a ainsi fait un cas composé.

Les Basques l'emploient généralement dans les mêmes circonstances que les Latins leur datif. P. ex. *nori berea da chuchen bidea* (litt. cuicumque proprium est justi via).

F. L'*infinitif* ou *indéfini* est marqué par la finale *ik*, après une consonne, *rik* après une voyelle. Il a le sens du sujet français précédé de la préposition *de* ou du participe absolu du Latin, p. ex., *yan-ik* ayant mangé; — *chu gabe-rik, ezta ke-rik* pas de fumée sans feu (litt. ignis sine ex, non est fumus ex). — On l'emploie également dans certaines locutions telles que *thai-ik gabe*, sans cesse, pour *thai-rik*. (litt. remissione ex sine.)

Ce cas dans certains dialectes est interrogatif. P. ex. *gizon-ik*, homme, est-ce l'homme? Il est d'ailleurs spécial au mode indéfini.

L'origine de la flexion infinitive est assez obscure. Peut-être dérive-t-elle de l'actif par suite d'une mutation de la voyelle *a* en *i*; peut-être au contraire, conviendrait-il de a rattacher à la flexion ablative, dont elle ne diffère que par l'adoption du *r* euphonique au lieu de la dentale. Nous parlerons du reste de cette dernière un peu plus loin.

G. Le modal ou instrumental en *ka* correspond pour le sens à nos prépositions *à, après, à coup de*. P. ex., *egur-ka yoan da muthila*, le domestique est allé au bois, ou chercher du bois (litt. ligno pro profectus est puer;) — *mia-ka dabilu*, il va à la recherche des minerais, — *harrika hautchi dute*, ils l'ont cassé à coup de pierres. Il ne serait pas impossible que cette désinence ne se rattachât au *kaets*, voici, ici, du Lapon ; d'ou *kaetskes*, proche, etc., lequel dérive de la même racine que le verbe *katsoa* considérer, examiner du Suomi.

H. Le *positif* de M. Darrigol, *inessif* des Finnois ; *locatif* des Indiens, rend l'idée exprimée par le *in* latin suivi d'un ablatif, ou par l'article préposition *im* de l'Allemand. Il a pour caractéristique la finale *an, an* au défini, *tan* à l'indéfini et se rattache à l'inessif en *n, en* du Lapon-Suédois, p. ex. *tjalmen*, in oculo (*tjalme*, œil) ; — *un* du Suryène et du Votuèke (p. ex, *sin*, œil, contract. pour *sin m* ; inessif *sin m-un*). Plus tard, le Lapon Finmarkois, le Suomi et l'Esthonien ont fait de ce cas, leur essif (p. ex. Suo., *karhu*, ours, et *karhu-na* en ours, comme un ours), et adopté une nouvelle forme d'inessif composé du *n* essif avec le *s* initial de *sisae* dans, dedans; p. ex. Suomi, essif *koira-na* in cane, inessif *koirassa* (euphoniq. pour *koiras-na*). Cependant ce dernier idiome nous offre aujourd'hui encore un certain nombre de locutions dans lesquelles la désinence *na* conserve son antique valeur inessive, p. ex. *koto-na* à la maison, dans la maison.

Parfois, spécialement dans la déclinaison pronominale, l'on intercale la particule intensive *ba, bai*, entre le radical et la désinence, p. ex. *ni-baithan*, en moi, pour *nitan*. L'emploi de ces intensives, qui peuvent consister en substantifs, se retrouve fréquemment dans les idiomes des peuples sauvages; p. ex. en Aïno, *tekeani betawa*, près du fleuve (litt. manu cum fluvii). De même en Aztèque, *ilhuicatl itic*, dans le ciel (litt. cœli ventre in ; *ite* sign. ventre et *c* marque la préposition *dans*.)

I. Le *caritif* est marqué au moyen de la particule *gabé*, postposée au nom, p. ex., *gizon-gabe*, sine homine. La forme primitive était *bage* encore usitée dans quelques dialectes, et qui n'est qu'une contraction de *bai-ge*. (I)

Nous venons de voir à l'instant quelle est la valeur et l'origine de ce *bai*. Quant au *ge* final, il renferme seul le sens négatif; c'est ce que prouvent les exemples tels que le suivant : *ezk-rge*, ingrat (litt. sine gratia).

En Lapon, nous retrouvons également le *k* negatif final, p. ex *kerdom*, redoublement et *kerdok*, simplex, non duplicatus, — *khal*, sermo, et *hôlek*, non dictus

Un autre caritif qui n'est employé qu'exceptionnellement, est celui qui se termine en *d* ou *t*, p. ex, *chango*, jambe, et *chankett*, impotent, boiteux ; — *on*, bon, et *ondikoa* le malheur.

Il se rattache au caritif Suomi en *ttá*, p. ex, *karhu*, ours, et *karhutta*, sine urso ; — *ha* de l'Esthonien, — *taka*, *tis* du Lapon; p. ex, *atjetak* ou *atje-taka*, sine patre; — *tæg*, du Suryène p. ex. *mort-toeg*, sine homine, etc.

J. Le *sociatif* de M. Inchauspe, *unitif* de Darrigol, *comitatif* du Suomi, se forme du *r* euphonique suivi de la désinence *kin*, *ki*. Cette flexion est identique au Suomi *kanssa*, cum, *ga* ou *ka* de l'Esthonien, *kum* du Lapon, *koed* du Suryène; quelquefois le *r* euphonique disparaît, p. ex. dans *galduekin* pour *galdu-r-ekin*, cum perduto.

Peut-être devons nous voir dans cette syllabe *re* la forme génitive contracte. Il serait possible néanmoins qu'elle ne jouât qu'un rôle purement euphonique. La forme *kin* correspond plus spécialement à notre particule *avec*, *ki* forme généralement une sorte d'adverbial, p. ex. *erregeki*, en roi, comme un roi.

K. Nous en arrivons enfin à ces flexions qui marquent plus directement le mouvement vers un objet, ou en s'éloignant de ce même objet. Elles ont généralement, comme nous l'avons dit, une double forme, la première pour l'animé, la seconde

---

(1) Peut-être *gabe* est il formé de *gain*, sur, dessus, dont nous parlerons plus loin, et du privatif *be*, d'origine Aryàne, identique au *vi*, sans, du Sanscrit et du Zend.

pour l'inanimé. Une division générique analogue est, du reste, admise par plusieurs dialectes altaïques. En Koibale, l'accusatif des noms d'objets inanimés est souvent rendu par le nominatif. En Bouruète, du moins dans le dialecte Sélengique, tous les nominatifs d'objets inanimés dont le radical se termine par une voyelle, forment leur pluriel en ajoutant un *l* ou un *r* à ce radical.

L'Ostyak de l'Ienisseï donne au datif et à l'ablatif pluriel des noms d'êtres doués de vie, un *n* final, dont les autres sont dépourvus. Enfin le Kotte, vraisemblablement plus riche en cela que tous les autres dialectes Touraniens, possède un paradigme complet pour la déclinaison animée, un autre pour la déclinaison inanimée. Nous examinerons en ce moment les désinences marquant mouvement vers l'objet.

Elles forment un *destinatif* ou *prolatif*, un *approximatif* ou *allatif* et un *contributif*.

Remarquons, avant d'aller plus loin, que le sens d'abord concret de ces terminatives a souvent fini par se modifier, et elles servent alors à exprimer un rapport abstrait ou moral, comme celui que nous rendons au moyen des particules *afin de*, *pour*, *en faveur de*, etc.

Le *destinatif* répond à notre français *pour*, *afin de*. Il est en *tzat* précédé du génitif pour l'animé, p. ex., *gizonen-tzat*, *gizonaren tzat* pro homine ; en *tako* pour l'inanimé indéfini, en *ko*, *ako* pour l'inanimé défini (*menditako*, *mendiko*).

Ces désinences, surtout les deux dernières s'emploient fréquemment là ou en Français, nous aurions recours au génitif. Ce qui a induit quelques auteurs à en faire une forme spéciale du génitif inanimé. C'est, je crois, un erreur; le génitif même inanimé se termine toujours en *ren* ou *en*, p. ex., *mendiaren itzula*, l'ombre de la montagne ; seulement lorsqu'il existe un rapport de possession entre un être animé et un objet, ce dernier se met toujours au destinatif, p. ex., *Kristoren soldadoa*, *Nafarroako errege* (Christi miles, Navarrâ pro rex).

Il est bien difficile de se refuser à admettre une parenté entre cette terminative *ko* et le relatif *ka*, *kés* de l'Esthonien, *kuka* quelque, que, qui du Suomi ; *ka* quel? du Lapon. Cette coïncidence est d'autant plus singulière que le pronom relatif du Basque s'éloigne bien davantage du pronom Ouralien et a changé la gutturale initiale en sifflante.

Quant à la finale *tzat*, nous la trouvons quelquefois bien qu'exceptionnellement unie au radical, p. ex. dans *handitzat*, pro magno. Son origine nous demeure jusqu'à présent inconnue.

L'*approximatif* ou *allatif* se termine, pour le genre animé, en *ganat*, s'il y a mouvement ; en *gana* s'il y a repos, et exige généralement la génitif du mot précédent, par exemple *gizonen ganat*, ad hominem. On trouve cependant les formes suivantes *nausia-ganat*, ad dominum ; *gu-gana*, pro nobis, etc.

La syllabe *gan* est ici une contraction de *gain*, sur, dessus. et la locution basque se rapproche ainsi beaucoup de celle du Français *courir sus à l'ennemi*.

La racine *gain* s'efface au genre inanimé et il ne reste plus que la désinence *tarat, tara* pour le mode indéfini ; *ra* et *rat* pour le défini, comme dans *hila lupera, biziok assera*, le mort à la fosse, les vivants à la saoulée.

La désinence adjective *tar* ou *dar* qui marque l'extraction, p. ex., *Orthez-tar*, citoyen d'Orthez ; — *Oloron-dar*, natif d'Oloron et que nous retrouvons dans la flexion *tar-zun* des noms abstraits, p. ex. *Yainko*, Dieu, et *yainko-tarzun* divinité, dérive évidemment de l'allatif.

Souvent ce cas s'accole la désinence *diño, iño* contraction pour *den oro*, p. ex. *menditaradino, menditartiño*, etc., usque ad montem.

Ce *den* signifie *de, jusque*, et se retrouve dans le Turk *den* ou *don*, dès que, ainsi que dans le Suryène *din*, proche, auprès, *dina*, à, vers. Joint à l'adjectif *oro* tout, il donne plus d'intensité à la notion du mouvement.

Cette désinence *rat, ra*, est évidemment formée du *r* euphonique et d'une sorte de désinence *a, at*, que nous ne pouvons guère expliquer par les idiomes de l'Oural ; très-probablement elle se rattache à la préposition *a* du Sanskrit, *ad* du Latin, *at*, à, vers, des dialectes Scandinaves.

Le *contributif* en *alat*, avec mouvement, en *ala*, avec repos, *mendialat*, *handiala*, usque ad montem, ad magnum, se rapproche beaucoup, pour le sens, de l'allatif intensif. Quant à la forme, ce n'est peut-être qu'une modification de la flexion allative en *le* de l'Esthonien, p. ex. (dial. de Reval), *silm*, œil, et *silmale*, vers l'œil. Cette dernière doit être rapprochée de l'allatif en *lla* du Suomi, p. ex., *karhu*, l'ours, *karhulla*, vers l'ours. Il résulte lui-même de la fusion du *l* marquant rapprochement avec l'illatif *hen*. En Basque, nous trouvons également ce cas uni à la désinence *no*, pour *den oro*, p. ex. dans *ene yitalano*, jusqu'à mon arrivée. Le *at* marque ici l'allatif.

L. L'*ablatif* ou *élatif* est en *ganik*, précédé du génitif, avec le genre animé; en *tarik*, pour l'indéfini inanimé; en *tik* pour l'animé, p. ex. *mendi tik*, *menditarik*, ex monte. Le génitif du genre animé est quelquefois remplacé par le radical pur, surtout lorsqu'il s'agit du pronom personnel; p. ex., *ni-ganik*, ex me; *gu-ganik*, ex nobis. On intercale parfois un *d* après le *n*; p. ex., *gizona-gandik*, *nuñdik*, d'où. La forme *ganik*, *gandik*, n'est ici, on le voit, que le mot *gain*, muni de la flexion ablative.

L'origine de cette dernière doit être cherchée dans une très ancienne forme ablative des idiomes finnois, que nous ne retrouvons plus guère aujourd'hui qu'exceptionnellement en Tchérémisse et dans un fort petit nombre de mots, p. ex. *pe-lye-k*, ex aure; — *fere-k*, ex sanguine.

Peut-être bien se rattache-t elle à l'Ostyak *kim*, Magyar *ki*, hors de, extérieurement.

Partout ailleurs, le *k* n'est plus en vigueur que dans les mots composés, où il correspond au latin *ex*, et marque mouvement du dehors en dedans, p. ex., dans le mutatif Suomi, *karhuksi*, en un ours (changé).

La déclinaison de ce cas offre un certain nombre d'anomalies. Le *t* reparaît ici même à la forme définie, et il y possède certainement une valeur purement euphonique. Nous avons déjà parlé du *d* intercalé pour *t*, le Basque adoucissant toujours la dentale forte précédée d'un *n*, p. ex., *elefandi*, éléphant; — *thindu*, encre (de l'Espagnol, *tinta*); — *tirander*, longueur (de l'Espagnol *tirantez*); — *landu*, travailler, pour *lantu*; — *enda* et *eta*, et, aussi, etc.

M. Le *causatif* et le *despectif*, tellement confondus ensemble qu'il est difficile de les distinguer, consistent, soit dans le génitif, soit dans le radical, suivis de *gatik*, nouvelle forme ablative de la postposition *gain*. Ces deux cas correspondent à nos particules *pour*, *à l'intention de*, *malgré*, p. ex. *gizonen gatik*, pour l'homme, en vue de l'homme; — *zure-gatik*, malgré vous (litt. par-dessus vous). Ils ne s'emploient qu'au genre animé; on les remplace à l'inanimé, soit au moyen d'une périphrase, soit par le destinatif. Leur mode de formation rappelle tout à fait celui des flexions précédentes. Ils conservent toujours le *t* euphonique.

N. *Des flexions composées.* Ce sont celles qui résultent de l'adjonction de deux ou plusieurs flexions l'une à l'autre. Ci tons, p. ex. le destinatif génitif *handirentako*, pro magno; *Mariarentako*, pour Marie; — l'allatif destinatif locatif, *Ezpanaratekoan*, en allant en Espagne et en en revenant; — le médiatif pronominal qui semble formé du pronom *onek*, celui, ce, et de la désinence médiative en *ez*; il marque la réponse à l'adverbe *norónz* (quo versus). Il est en *ónz* après les radicaux monosyllabes, p. ex., *errónz* de ce côté-là: *gorónz*, du côté d'en haut, etc., etc.; — en *eronz*, après les mots de plus d'une syllabe au radical et terminés par une consonne, p. ex., *Burgoseronz*, vers Burgos; *basterrerónz*, vers le coin, vers le bord; — en *ronz*, si la finale est une voyelle, p. ex., *Hernanironz* vers Hernani; *echeronz* vers la maison; — citons enfin les médiatifs génitifs en *ezko*, qui indiquent la matière avec laquelle l'objet est fait, p. ex. *leizar* frêne et *leizar-ezko larday*, timon de frêne; — *urre*, or, *urrezko*, aureus. Peut-être cependant le *z* ne joue-t-il ici que le rôle de simple lettre euphonique, comme cela a parfois lieu devant la gutturale ou la labiale, p. ex., *yuzka* jocare, — *chizpil* et *chiphil*, ardere, etc.

Les quelques exemples ci-dessus rapportés et qu'il eût été facile de multiplier, nous font voir l'extrême facilité avec laquelle l'Ezkuara combine ses diverses désinences casuelles. Sous ce rapport, il montre bien plus de flexibilité que le Suomi, chez lequel les cas composés ne résultent que de la fusion de deux éléments au plus.

O. *Du pluriel.* Ce nombre n'existe en Basque que pour le mode défini et à certains cas il se distingue du singulier par une sorte de contraction ou d'abréviation, p. ex. *gizon-en*, hominum, et *gizon-a-r-en*, hominis. Le même fait se reproduit, nous l'avons vu plus haut, chez divers idiomes de l'Oural, p. ex. en Suomi, *talo-en*, des maisons, et *taloi-ten*, de la maison. De plus les désinence des cas sont, au pluriel, identiques pour le fond, à celles du singulier. Elles n'en diffèrent qu'en ce qu'elles sont juxtaposées à la caractéristique du nombre. Ces caractéristiques sont en Basque, les lettre *e* et *k*, p. ex., *handia*, le grand, (sing. sujet neutre) et *handia-k*, les grands (plur. suj. neutre).

Le *k* final n'est employé comme marque du pluriel qu'au nominatif et se rapproche de la manière la plus évidente du *t* pluriel du Suomi et de l'Esthonien, p. ex., *karhu*, l'ours et *karhut*, les ours, lequel devient un *h* dans le Lapon Finmarkois et un *k* en Magyar, p. ex., *az atya*, le père et *az atyá-k*, les pères. Certains idiomes finnois ne prennent également la consonne finale comme marque du pluriel que pour le nominatif, p. ex. en Suomi *kaede-t*, les mains, et *kaete-i-n* des mains, etc. Les autres cas, comme l'on voit, intercalent un *i*, évidemment analogue au *e* basque, qui se trouve précisément employé dans les mêmes circonstances. Cet *e* s'étant incorporé l'article précédent devient long et prend l'accent, *mendiékin*, cum montibus, de *mendiaekin*. Tel est précisément le caractère par lequel les cas du pluriel se distinguent de la plupart de leurs correspondants du singulier, qui ne prennent pas l'accent sur la même syllabe.

Par une anomalie assez difficile à expliquer, mais dont nous avons vu un exemple dans la déclinaison du singulier, les destinatif, approximatif, causatif et parfois même l'inessif, bien

qu appartenant toujours au mode défini, prennent l'affixe *ta*
de l'indéfini. Enfin le nombre des cas est moindre au pluriel
qu'au singulier et le despectif ne paraît pas s'y confondre avec
le causatif.

Quant au duel, il a complétement disparu, ainsi que dans
les autres idiomes Altaïques, sauf divers dialectes Samoyèdes, l'Ostyak Surgute, le Tchouktchi nomade et le Lapon. Encore dans ce dernier idiome n'est-il plus employé que pour les
verbes et les pronoms.

NOTES

NOTE PREMIÈRE.

SUR LES AFFINITÉS DE LA LANGUE BASQUE AVEC L'ANTIQUE IDIOME DES IBÉRIENS.

L'Ibérie était, au moment de la conquête carthaginoise, occupée par un grand nombre de tribus plus ou moins nomades, mais qui toutes appartenaient soit à la race celtique, la plus moderne par la date de son établissement, soit à la race ibérienne proprement dite, laquelle semble avoir fourni à la Péninsule, sa première couche de population. Les travaux de Guillaume de Humboldt, de MM. Boudard et de Saulcy sur les monnaies espagnoles ne nous permettent pas de douter que les divers dialectes parlés chez les représentants de la race ibérienne ne fussent autant de congénères du Basque actuel. Par cette langue, nous parvenons à expliquer de la manière la plus claire et la plus satisfaisante, une foule d'anciens noms d'hommes, de villes ou de tribus, ainsi que des légendes de médailles. Bornons-nous à choisir quelques exemples parmi ceux qui nous ont paru les plus frappants.

Alavona (cité de la Bétique) de *Ala*, pâturage, et *on*, bon. (litt. endroit de bonne pâture).

Arevaci (peuple de l'Espagne centrale) de *Ala*, pâturage, *ba*, étendu et de la finale génitive *ko* (litt. ceux des grandes plaines).

Arriaga (ville du pays des Carpétans) de *harri*, pierre et *aga* entre, parmi.

Ascerris (cité des Laccétans) de *as* roc, *ko* de et *herri* pays (contrée pierreuse).

Ascoa (cité des Carpétans), de *As* roc, *ko* de, et de l'article *a* (litt. celle du roc).

Aspavia (Bétique) de *azpe*, dessous (litt. la cité basse.)

4

Barnacis (ville des Carpétans) pour *Barnekoa* (litt. celle de l'intérieur).

Bethuria (province de la Bétique) de *behe*, inférieur, et *ur*, eau. (litt. province des eaux inférieures; le *th* semble ici euphonique comme dans *Menditik*, *zezentalde*, troupeau de bœufs pour *zezen alde*).

Bituris (cité de la Lusitanie) de *bi*, deux, et *Ithurr*, source.

Calagurris (cité des Illergètes) de *kala*, jonc, *ko*, de, et *hiri*, ville.

Ego-varri (cité des Callaïques) pour *Egon-berri* (litt. demeure nouvelle).

Egurri, peuplade asturienne (*Egur*, bois).

Idubéda (montagne du pays des Pelendons), de *idi*, bœuf, et *bide*, chemin (voyez *Orospeda*).

Ilercaons (peuple de l'Espagne orientale), de *ili*, ville, *ur*, eau et *ko*, de.

Iligor (ville des Celtibères), litt. ville haute.
Iliberri (Bétique) litt. ville neuve.

Ilurgis (litt. cité sans sources), de *ili*, ville, *ur*, eau, et *ge*, sans.

Ilunbida (Carpetans), litt. ville sur le chemin de l'eau (*bide*, chemin).

Lavera (Lusitanie), de *laub*, plat, et *herri*, pays.

Mandonius, chef d'une révolte contre les Romains (*mandoin* muletier).

Orospeda (montagne du pays des Olcades et des Lobetans) litt. le chemin des veaux (*orox*, veau; voy. *Idubeda*).

Solurius mons (aujourd'hui, la Sierra de los Vertientes) litt. les eaux vives (*ur*, eau, et *solo*, plaine, prairie?)

Urbicua (Espagne centrale) de *ur*, eau, *bi*, deux, *ko*, de, et *a*, la (litt. la cité des deux eaux).

Urgia (Bétique), pour *ur-ge*, sans eau.

Urso (Bétique), litt. la cité bien arrosée (*so*, *tcho*, beaucoup), etc., etc.

Il y a quelques années M. Cénac-Moncaut ayant entrepris des fouilles à Saint-Bertrand de Comminges, sur l'emplacement de l'ancienne Convenæ-Convenarum, y découvrit des cippes, des autels votifs chargés d'inscriptions.

Plusieurs de ces inscriptions renfermaient des noms de divinités encore inconnues et que le savant archéologue déclara celtiques ou gauloises.

L'histoire de la cité de Saint-Bertrand de Comminges permettait de leur attribuer une autre origine. Cette ville avait été fondée par Pompée, qui lui donna pour premiers habitants des colons Ibériens, derniers débris des armées de Numance et de Sertorius.

Or, une fois ce principe admis que la plupart des habitants de l'Ibérie parlaient une langue analogue au Basque d'aujourd'hui, l'on devait supposer que beaucoup de ces noms inconnus s'expliqueraient par ce dernier idiome.

M. Goyetche, dans le mémoire dont nous avons parlé plus haut, démontra qu'il en était bien ainsi. Sur une inscription, on lit le nom du Dieu *Baïgorricus* (le Dieu de Baigorry ou du golfe rouge). — Une autre porte le nom d'*Asto-ilhun* (litt. en Basque l'âne de la nuit). Citons encore le Dieu *Basarte* (litt. dans le lieu sauvage, etc.) ʹ

Nous n'avons malheureusement conservé aucun fragment d'une certaine étendue soit en vieux Basque, soit en Ibérien. On parle bien du chant de Lello qui daterait du siècle d'Auguste, et serait consacré au récit de la lutte des Cantabres contre les Romains. Mais son authenticité est fort douteuse. Les Cantabres étaient Celtes, et non Ibères. Leur langue devait donc être fort différente de l'Eskuara; de plus, ils furent presque tous détruits par Octave. Comment admettre dès lors qu'une de leur chansons de guerre se soit conservée jusqu'au douzième siècle, époque où elle fut, dit-on, recueillie par écrit.

Nous ne parlerons pas ici du chant d'Altabizkar, que l'on voulait faire remonter au temps de Charlemagne, et qui n'est qu'un pastiche fort moderne.

Le cardinal Maï mentionne, dans sa *Nova Collectio vaticana*, deux manuscrits Ibériens, dont un lui semblerait assez ancien. Nous souhaiterions fort que l'on s'assûrat si par ce mot *Ibérien*, l'auteur a entendu l'Espagnol ancien ou Eskuara. Jusqu'à plus ample informé, nous pensons qu'il n'existe pas de morceaux de prose ou de poésie Basque un peu suivis, antérieurs à la réforme.

NOTE DEUXIÈME

SUR LES ÉTYMOLOGIES DE LA LANGUE BASQUE.

Le vocabulaire Basque semble puisé à cinq sources principales.

1° La source Touranienne. A elle se rapportent une centaine de mots qui, malgré leur petit nombre, n'en doivent point être regardés comme les plus importants et les plus usuels. Nous en citerons quelques-uns.

P. ex. *Agam*, nourrice ; — Lapon *akka*, vieille femme ; — Suomi, *idem* ; — Mongol, *cké* mère.

Añ, an, nourrice ; — Lapon, *enô*, mère ; — Ostyak, *agna*, id. ; Turk, *cno* ; — Magyar, *onya* ; — Tongouse, *ané*.

Ama, mère ; — Suomi, *ema* ; — Esthonien, *emmae*.

Anay, frère ; — Esthonien, *wen l* (la labiale s'efface souvent en Basque, au commencement des mots ; du latin *pilus*, cheveu, il fait *ilo, ile*, etc.)

Ap'ez, prêtre ; - Yakoute, *abiss*, un chaman, un sorcier ; — Samoyède, *abes* ; — kotte, *aprch*.

Atcho, vieille femme ; — Lapon, *akkuts* ; — Suomi, *eukko* (le *k* devient *tch* ; comme dans *ertch*, étroit pour aretus, — *mitcho* mou, du grec μάλαχος, etc.)

Arreb, sœur ; — Lapon, *orben* ; — Suomi, *orpana*; cousine.

Atcher, renard ; — Ostyak, *okchar*.

Agor, sec, desséché ; — Suryène, *yaq*, lieu sec et poudreux ; — Lapon, *yaygar*; desséché, sec ; — Suomi, *jeykkae*, desséché, durci.

Asti, loisir et *astitasun*, lenteur ; — Lapon, *astoï* ; lentement· — Suomi, *astua*; aller à pied.

Azken, dernier, dernièrement ; — Lapon, *eski* ; récemment ; — Suomi, *aesken, oe-kattuein*, récemment.

Ametch, rêve ; - Tchérémisse, *hom*.

Athe, porte ; — Magyar, *ajtu* ; — Assane, *athol* ; — Kotte, *athoul*.

Begi, œil ; — Turk, *baqech*; vue.

Bizarr, barbe ; — Suomi, *wiikset* ; moustache.

Belharri, oreille; — Lapon, *pôlje* ; — (le *rr* est une désinence comme dans *bizarr*.)

Beldurr, crainte ; — Lapon, *paldet*, effrayer ; — Suomi, *pelko*, crainte ; — Mordvine, *pel*, craindre.

Bethe, plein ; — Suryène, *bud*, tout ; — Votuèque, *budʒs* idem ; — Turk, *biturmeq*, s'accomplir.

Elhe, parole ; — Lapon, *halo*, discours, langage ; — Suomi, *haely*, bruit de paroles.

Eme, femelle, et *emazte*, femme; — Ostyak, *ima*, *imi*, femme, épouse; — Suomi, *emmaentne*, épouse; — Esthonien, *emmaend*.

Ezpain, livre (*z* et *az* sont souvent préfixes, comme dans *estalpe*, tapis; — *aztal*, talon; — la syllabe *in* est une flexion comme dans *ariathoin*, du Français *rat*) ; — Lapon, *pungsem*; — Vogule, *pitmi*; — Ostyak, *pellem*.

Gizon, homme ; — Kirghize, *khézé*; — OEd. Ostyak, *kossek*; — Tavgu, *khaza*, Oigour, *kitchou*.

Katardé, écureuil ; — Ostyak, *knuthyar*, écureuil volant.

Magal, sein ; — Ostyak, *mʒgett* (le *l* est une simple desinence, comme dans *gerl*, la guerre).

Mintz, parole, langage ; — Tchérémisse, *mánam*, je parle ; Magyar, *mond*, dire (*i* pour *a* ; voyez *sinetch*).

Neskato, jeune fille (les syllabes *skato* sont une désinence) ; — Suomi, *neise*, jeune fille ; — Lapon, *neith*, vierge ; — Magyar, *noe*, femme.

Or, chien ; — Turk, *boûra*, loup ; — Ostyak, *yeoura*, chien (le *b* init. effacé).

Omeni, bruit; — Suomi, *huminae*, bruit sourd, murmure.

Orm, glace, et *uorm*, gelée; — Lapon, *tjuormès* grêle ; — Suomi, *haermae*, frimas.

Otz, bruit ; — Lapon, *jutsa*.

Osto, feuille; — Lapon, *lasta*; — Mordvine, *listès*; — Tchérémisse, *listaes*.

Oth, avoine; Turk, *youlaf*; — Kotte, *chouli* ; Tchérémisse, *chilé*.

Phense, prairie ; — Suomi, *pensas*.

Sabel, ventre; — Suomi, *siwae*, côté, flanc ; — Samoyède, *sâfé*, corps.

Sagu, souris ; — Suomi, *hiiri* (pour *sigiri*) ; — Ostyak, *tegñner* ; — Vogule, *tagñgar*.

Suge, serpent ; — Esthonien, *siug* ; — Ostyak Iénisséi, *thieg*.

Sudurr, nez ; — Mordvine, *sudo*.

Sagarr, pomme ; — Esthonien, *suggu*, fruit.

Sinex, croire, penser ; — Tchérémisse, *tchân* ; — Magyar, *szándek*, dessein, volonté ; — Mongol, *sanakho*, se souvenir.

Uli, mouche ; — Suomi, *hailatua*, s'envoler ; — Lapon, *haletet*, id.

Zapat, soulier ; — Suomi, *saapas*, botte ; Lapon, *sappad*.

Zuri, blanc ; — Ostyak, *sour*, gris ; — Magyar *szürke*, idem ; — Vogoule, *saïrang*, blanc ; Koïbale, *soura* ; — Japonais, *sira*.

Zuzi, détruire ; — Suomi, *kukistaa* (mut. du *k* en *z*, comme dans *zampel* et *kapel* chapeau).

Enfin, à l'exception des nombres deux et six, qui sont d'origine romano-latine, tous les adjectifs numéraux de un à vingt sont certainement de provenance ouralienne.

2° A la source arienne. On retrouve en Eskuara, un certain nombre de mots d'origine évidemment indo-européenne, mais n'offrant plus guère d'analogies qu'avec leurs correspondants du Zend, du Sanskrit, des langues de l'Europe orientale, sans qu'on puisse s'expliquer comment ils ont passé de là en Biscaye, p. ex. :

Asto, âne, — Persan, *âstar*, mulet ;   Kurde, *ester*, id.

Bide, chemin ; — Sanscrit, *pânthin;* — Russe, *put;* — vieux Latin, *betere*, aller.

Arhan, prune ; — Sanscrit, *arani*, pruna spinosa ; – Irlandais, *airne;* — Ecossais, *airneag;* — Breton, *irin*.

Arrano, aigle ; — Suédois, *aern;* — vieux Allemand, *arn;* Breton, *er*.

Artzo, ours ; — Kurde, *artch·* — Grec ἄρχτος.

Beso, bras ; — Persan, *bazou;* — Zend, *bâzu;* — Breton, *biz*, doigt.

Ba, baï, oui ; — Zend, *bât, ba,* en effet ; — Védique, *ba* véritablement.

Erdi, moitié ; — Sanskrit, *ardah.*

Garri, orge ;　　Sanskrit, *gâritram,* riz.

Garkhor, gorge ; — Sanskrit *karkas·* — Grec, γαργαρέων.

Har, prendre ; — Sanskrit, id.

Haran, vallon ; — Zend, *haran,* montagne.

Zar, vieux, usé ; — Zend, id.; — Sanscrit, *djar.*

Ikhus, voir ; — Sanscrit, *îksh.*

Zakhur, chien ; — Persan, *sag* ; — Polonais *suka,* chienne ; — Irlandais, *soich.*

Sar, entrer ; — Sanscrit, *sar,* aller, etc., etc.

3° A la source celtique, p. ex. :

Adarr, corne ; — Ecossais, *adharc.*

Arren, donc ; — Breton, *arre,* encore.

Bero, chaud ; — Breton, *berv,* bouillant.

Estall, la saillie ; — Breton, *tall,* saillir, couvrir.

Gogor, dur ; Irlandais. *gorg,* cruel, redoutable ; Sanscrit *karkaras.*

Iratze, fougère ; — Breton. *rad.*

Killika chatouiller ; — Breton, *hillica.*

Larru, peau, cuir ; — Breton, *ler.*

Latchun, chaux ; — Breton (dial. de Léon), *raz.*

Izar, étoile ; Gallois, *sêr,* étoile.

Hel, appeller ; Breton, *hel,* rassembler.

Idi, bœuf ; — Gallois, *eidionn.*

Ibill, marcher ; — Ecossais, *pill,* aller autour ; — Breton *pelu,* naviguer à l'entour ; — Sanscrit, *pel.*

Hemen, ici ; — Breton, *haman.*

Harri, pierre ; — Ecossais, *carraig* ; Breton, *carreg.*

Phenn, rocher : — Breton, *pen,* tête, cime.

Saï, vautour ; — Irlandais, *seigh,* faucon.

Ust, récolte ; — Breton, *eost,* etc.

4° A la source germanique, sans doute lorsque les Goths ont envahi l'Espagne.

Gudu, combat ; — Islandais, *gudr.*

Narr, sot ; — Allemand, id., fou.

Hari, fil ; — Flamand, *garen*.

Gazie, jeune ; — gothiq. *gast*.

Elgarr, l'un l'autre, tous deux ; — flamand, *elkaerr*.

Sal, vendre ; — Islandais, id.

Thanka, frapper ; — Suédois, *daenga*, heurter, frapper.

Ezka, demander ; — Suédois, *aeska*, etc

5° A la source Romano-Latine, p. ex., au Latin beaucoup de mots très-usuels, tels que *ahari*, mouton (aries) ; — *zamari*, cheval (bas Latin, *sagmarius*, cheval de trait) ; — *zekhale*, seigle (lat. secale.), etc.

Au Provençal, les termes suivants : *Durrund*, tonnerre ; dial. de Marseille, *trun* ; — *arrod*, roue, vieux Prov., *roda ;* — *gathu*, chat ; Prov. *gat*, etc. — A l'Espagnol : *kobura*, recouvrer ; Castillan, *cobrar ;* — *obra*, œuvre, etc.

NOTE III.

SUR LA RESSEMBLANCE DE CERTAINES FORMES DU BASQUE AVEC LES FORMES CORRESPONDANTES DES IDIOMES DE L'OURAL.

En dehors des particularités de la déclinaison, nous mentionnerons la désinence *t*, *tzi* de certains noms de nombre Basques *bost*, cinq ; *zortzi*, huit ; *bederatzi*, neuf. Nous ne devons pas oublier que les peuples de l'Oural avaient une double forme pour l'adjectif numéral, l'une substantive et ayant une dentale ou sifflante pour caractéristique, l'autre adjective et dépourvue de cette terminaison. Cette distinction ne s'est plus conservée aujourd'hui qu'en Tchérémisse et en Japonais. Les finales Basques dont nous venons de parler, semblent en être un vestige. L'optatif est marqué en Basque par une particule *hadi* incorporée au verbe, p. ex., *niz*, je suis, et *nadin*, que je sois. Nous la retrouvons dans la particule conjonctive séparée de l'Ostyak, p. ex., *ma werem* je fais et *ma adañ werem* que je fasse.

CPSIA information can be obtained at www.ICGtesting.com
Printed in the USA
LVOW04s1249251015

459654LV00024B/759/P

9 781332 509492